Vivien Manazon und Petra Schwarz

# Traum:Urlaub
## Aber wie?

**Die 12 Urlaubsmotive nach Manazon**

www.traumurlaub-aberwie.de

Wenn einer gern Klimmzüge macht und der andere lieber taucht, dann ist es albern, wenn beide eine Woche lang Klimmzüge unter Wasser machen.

Bernhard Hoëcker

Mich zieht es im Urlaub immer wieder in meine Heimat, nach Kanada.

Anna Maria Kaufmann

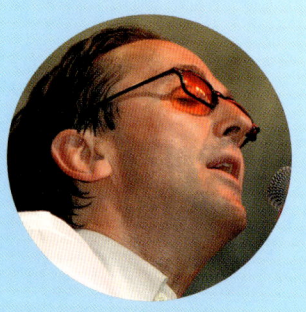

Ich rede gern und viel, aber im Urlaub brauche ich Ruhe. Die größte Strafe wäre für mich, eine Bus-Gruppenreise zu gewinnen.

Andreas Marius-Weitersagen

# Inhalt

Ich käme auf Sardinien nicht auf den Gedanken, Kassler oder ein Wiener Schnitzel zu essen.

Christian Rach

Die Berge sind beim Fahrrad-fahren das i-Tüpfelchen. Wenn man die geschafft hat, ist man stolz. Danach gibt's dann ein Bier.

Udo Beyer

Wenn mich bei der Arbeit irgendetwas anstinkt, dann sage ich mir immer: Heute verdienst du dir das Geld für einen schö-nen Urlaubstag. Jaecki Schwarz

# Aus berufener Feder

Es gibt wohl kaum eine Zeit im Jahr, die uns so viel bedeutet, wie die Urlaubszeit. Wertvolle Tage, die man voll auskosten will und die wirklich Freude machen sollen. Für viele von uns ist das aber auch mit Druck und Zweifeln verbunden. Was ist eigentlich der richtige Urlaub für mich? Was ist, wenn ich mich falsch entscheide? Was ist, wenn zum Beispiel mein Partner etwas ganz anderes will als ich? Das Thema Urlaub ist auch eine Quelle von MIND-FUCKS – unangenehmen, selbst blockierenden Gedanken, die die Vorfreude vermiesen können. Und tatsächlich: Wenn wir nicht wissen, was wir wollen, wird es viel schwieriger das zu erleben, was wir erleben wollen.

Die Autorinnen Vivien Manazon und Petra Schwarz stellen deshalb genau die richtigen Fragen. Welche Urlaubsmotive habe ich? Wie kann ich gute Entscheidungen treffen? Und was, wenn meine Reisepartner ganz anders ticken als ich? Das vorliegende Buch gibt wertvolle Anregungen, Hinweise und Tipps und lädt dazu ein, sich selbst besser kennen zu lernen. Ich habe beim Lesen des Buchs und beim Spielen des dazugehörigen Spiels viel darüber gelernt, was für mich wirklich zählt und worauf es bei der perfekten Urlaubswahl ankommt. Aber das Buch ist aus meiner Sicht noch viel mehr: Es ist etwas ganz und gar Neues. Das Modell der „12 Urlaubsmotive nach Manazon" verbindet verschiedene, sehr wirksame Coaching-Ansätze und wendet diese auf ein Thema an, das wohl zu den wichtigsten Bereichen unserer Lebensqualität gehört. „Traum:Urlaub – Aber wie?" macht Spaß, ergibt Sinn und bringt sehr gute Ergebnisse. Ich bin froh, dass ich es kennenlernen durfte und wünsche auch Ihnen viel Spaß damit!

Dr. Petra Bock  Top-Coach und Autorin des Bestsellers MINDFUCK, www.petrabock.de

# Vom „Urloup" zum Urlaub

**Zwischen Schlachtfeld und „Teutonengrill"**

Bevor Sie sich auf die Suche nach Ihrem Traum:Urlaub begeben, lassen Sie uns einen kurzen Blick in die Geschichte werfen. Der Begriff Urlaub kommt aus dem Althochdeutschen. Im Mittelalter hieß „Urloup" einfach nur „Erlaubnis". Damit war die Genehmigung gemeint, sich entfernen zu dürfen. „In den Heldenepen bittet der formbewusste Ritter ergebenst um „Urloup", wenn er seinen Herrn oder eine hoch stehende Dame verlassen will."[1] „Urloup" war in diesen Zeiten allerdings eher ein Arbeitsausflug. Denn der tapfere Rittermann bat nicht um die Erlaubnis, sich und seine Rüstung am nächsten „Teutonengrill" zu rösten, sondern hatte in aller Regel zu tun: als Bote seiner Herrschaft oder als Kämpfer auf einem der zahlreichen Schlachtfelder dieser Zeit.

Aus „Urloup" wurde über die Jahrhunderte der Urlaub. So ähnlich die Worte klingen, so wenig haben sie miteinander zu tun. Der Urlaub, wie wir ihn heute kennen, ist eine Erfindung der Moderne. Anfang des 19. Jahrhunderts erstritten Gewerkschaften für die Fabrikarbeiter den Erholungsurlaub. Dieser sollte dem Erhalt und der Wiederherstellung der Arbeitskraft dienen.

Heute steht der Urlaub für viel mehr. Erst recht für uns Reise-Weltmeister. Allerdings ist das mit dem Urlaub auch anstrengender geworden. Denn: Die Tage fern der Heimat sollen die glücklichsten im Jahr werden! Schön reicht nicht, fantastisch ist gerade gut genug. Das sorgt oft für Druck und kann, wenn vor Ort nicht alles passt, schnell in Ärger und Enttäuschung umschlagen. Ab jetzt ist das alles unnötig, denn Urlaubsglück lässt sich planen: Mit unserem Buch halten Sie eine Schatzkarte in den Händen, die Sie zu Ihrem Traum:Urlaub führt.

# Die faszinierende Welt der 12 Urlaubsmotive

Haben Sie das auch schon einmal erlebt? Sie freuen sich wochenlang auf den Jahresurlaub, schleppen sich schwer bepackt zum Flughafen und kaum berührt ihr Fuß den Boden des Ferienparadieses, kommen die Zweifel und bestätigen sich bald darauf. Das vermeintlich pittoreske Dörfchen entpuppt sich als Bettenburg, der Pool der Anlage reicht gerade bis zum Bauchnabel, das Green des Golfplatzes ist braun und im Umkreis von 50 Kilometern finden sich weder Kathedrale noch Konsum-Tempel. Die Unzufriedenheit nagt an Ihnen. Das Gefühl, zur richtigen Zeit am falschen Ort zu sein, ist nicht zu verdrängen. Oder: Die äußeren Bedingungen sind so, wie Sie sie erwartet haben und trotzdem fühlen Sie sich in den Wochen, die Ihnen zum Luft holen und Kraft tanken dienen sollten, nicht wohl? Eine kleine persönliche Tragödie, die sich zu einem veritablen Drama auswachsen kann. Wussten Sie, dass jede dritte Scheidung nach einem Urlaub eingereicht wird?

Bevor Sie nun gar nicht mehr in den Urlaub fahren wollen, hier die beruhigende Nachricht: Es ist kein Zufall, dass sich viele Menschen bei der Wahl ihres Urlaubs vergreifen. Das hat Gründe und genau diesen geht unser Buch auf den Grund. Wir, das sind Vivien Manazon, eine leidenschaftliche Touristikerin, und Petra Schwarz, eine leidenschaftliche Journalistin. Im Buch erklären wir, warum es oft zu Fehlgriffen kommt und liefern eine leicht handhabbare Anleitung, wie Sie diese in Zukunft vermeiden können: eben mit den „12 Urlaubsmotiven nach Manazon".

„Was will ich im Urlaub wirklich?" oder: „Wie kann ich mich am besten entspannen?" – solche Fragen gipfeln letztlich in der Frage der Fragen: „Traum:Urlaub – Aber wie?" Wären Antworten darauf einfach, müsste es dieses Buch nicht geben. Jeder könnte vor dem Besuch im Reise-büro in sich hinein horchen, wohin es dieses Mal in den schönsten Wochen des Jahres gehen soll. Und die innere Stimme würde vielleicht antworten: „Sieben Tage Mallorca, Halbpension, Hotel mit Pool und Wellness, ab Berlin für 543 Euro." Einen Versuch mag das wert sein, Ihren Traum:Urlaub finden Sie so allerdings eher selten. Die einschlägigen Suchmaschinen im Inter-net und leider auch so manches Reisebüro helfen dabei kaum. Wird hier doch oft stereotyp abgefragt. „Wann? Wohin? Wie viele Sterne?" und „Was darf es kosten?" Fehlen andere Aus-wahlkriterien, ist oft der Preis allein ausschlaggebend für die Wahl des Urlaubs und vor Ort kommt dann eben die große Enttäuschung.

Wer den optimalen Urlaub sucht, sollte sich zuerst über die Situation, in der er sich gerade be-findet und über seine Bedürfnisse klar werden. Heißt Reiselust für Sie, am Strand zu faulenzen oder hohe Berge zu besteigen? Wollen Sie Shoppen oder Sightseeing – möglicherweise auch beides, also „Shopseeing"? Wollen Sie Ruhe oder Trubel?

Das Modell der „12 Urlaubsmotive nach Manazon" hilft Ihnen, sich Ihrer Bedürfnisse klarer zu werden. Damit werden Sie es leichter schaffen, Ihre persönlichen Vorlieben – Ihre in-nersten Wünsche, fernab von Postkartenklischees – herauszufinden.

Selten bestimmt nur ein Urlaubsmotiv Ihre Entscheidung, meistens mischen sich mehrere. Dabei handelt es sich um eine Art Motiv-Cocktail, der in der Regel aus ein bis zwei Haupt-und zwei bis drei Nebenmotiven gemixt ist. Damit das Ganze genüsslich wird, darf es bei den Hauptmotiven keine Kompromisse geben.

Ein Beispiel: Sind Sie leidenschaftlicher Golfspieler, dann sollten alle Details rund um Ihr Hob-by optimal passen. Das Wetter muss in der anvisierten Reisezeit für Ihren Sport geeignet sein. Die Beförderung des Golfequipments mit dem Ferienflieger muss komplikationslos funktio-nieren. Gute Abschlagszeiten sollten verfügbar und reservierbar sein. Mit großer Wahrscheinlichkeit ist alles rund ums Golfen wichtiger als die Ausstattung Ihres Hotelzimmers. Die Nebenmotive haben eine geringere Bedeutung. Passen nur die wichtigsten zwei, drei Aspekte, steht dem Traum:Urlaub nichts im Weg.

Die Suche nach dem individuellen Motiv-Cocktail für Ihren Urlaub wird dadurch erschwert, dass dessen Rezeptur nicht in Stein gemeißelt ist. Im Gegenteil: Wir Menschen neigen zur Veränderung! Welche Motive wann eine Rolle spielen, das ändert sich mit unseren Bedürfnissen. Mal haben wir viel Stress – dann erscheint ein Blockhaus in den Wäldern Kanadas möglicherweise verführerisch. Mal grämen wir uns über die Routine im Alltag. Dann hilft vielleicht ein bisschen Glamour. Zwei Wochen Côte d'Azur? Oder ein Hauch High Society und dazu der Kitzel am Roulette-Tisch?

Einerseits gibt es das Bedürfnis, im Urlaub einen Ausgleich zum jeweiligen privaten oder beruflichen Alltag zu schaffen. Andererseits gibt es Wünsche für den Urlaub, die im Charakter einer Person angelegt und damit weitgehend stabil sind. „Raus aus dem Alltag", „kein Zeitdruck", „kein Stress", „weg vom schlechten Wetter" sind klassische Ausgleichsbedürfnisse. Man nennt sie auch „Weg von"- Motive.

Verbindet man dagegen die Sehnsucht nach einem Reiseziel mit dem Seufzer „Das ist es, was ich immer schon wollte", handelt es sich meist um ein „Hin zu"- Motiv. Deutlichstes Zeichen dafür ist, dass der Wunsch konstant bleibt und unabhängig von der aktuellen Lebenssituation die Urlaubswünsche beeinflusst. „Hin zu"- Motive ändern sich nur selten grundlegend. Und wenn, dann handelt es sich um einen tiefen persönlichen Einschnitt im Leben eines Menschen, wie etwa Heirat, Trennung vom Partner oder wenn Kinder ins Leben kommen.

Die „Weg von"- Motive ändern sich relativ schnell, häufig von Urlaub zu Urlaub.
Die „Hin zu"- Motive sind beständiger.

# Der Traum:Urlaub einer Urlaubsexpertin

**Wie macht Vivien Manazon Urlaub?**

Ich verreise gern drei, vier Mal im Jahr, immer woanders hin. Ich liebe die Abwechslung. Es ist wunderbar, wenn ich mich morgens spontan entscheiden kann, ob ich mir etwas anschauen möchte oder lieber am Strand relaxe. Und am schönsten ist es, wenn die Familie dabei ist.

**Wird nicht auch Urlauben auf Dauer langweilig?**

Niemals! Der Charakter meiner Urlaube ändert sich. Normalerweise bin ich kontaktfreudig und unternehmungslustig. Aber nach Phasen starker beruflicher Anspannung bin ich lieber einige Tage faul und nur mit meiner Familie an einem schönen Strand im Warmen. Die Liste der Wunschreiseziele nimmt nie ab. Je mehr ich entdeckte, auf desto mehr Reiseziele werde ich aufmerksam, die ich noch entdecken möchte.

**Schaffst Du es, im Urlaub von Deinem Job-Thema Urlaub abzuschalten?**

Meistens gelingt mir das ganz gut. Und doch merke ich, dass ich ab und zu beobachte, wie sich andere Urlauber das Erholen schwer machen. Sie stören sich an Dingen, die nicht passen. Schlechtes Wetter zum Beispiel oder Baustellen in der Nähe, anstatt sich auf die schönen Momente zu konzentrieren.

**Warum ist es eigentlich nicht selten so, dass wir uns riesig auf unseren Urlaub freuen und am Ende doch nicht zufrieden sind?**

Das hat letztlich oft damit zu tun, dass wir unsere Urlaubsmotive nicht wirklich kennen. Je nachdem, wie unser Alltag gerade läuft, haben wir mal zuviel Stress, mal zuviel Routine. Dem entsprechend entwickeln wir ganz spezielle Urlaubsbedürfnisse, die ich Urlaubsmotive nenne. Damit der Urlaub gelingt, müssen wir uns sozusagen immer wieder „neu" entdecken! Gut gemeinte Ratschläge, „wohin" wir reisen sollen, bringen also gar nichts! Entscheidend ist, das ganz individuelle „Warum" und „Wie" herauszufinden.

### Aber weiß nicht jeder selbst am besten, was er im Urlaub will?

Oft glauben wir, es zu wissen und wundern uns dann, warum der ersehnte Erholungseffekt ausbleibt. Zum Beispiel gibt die Mehrzahl aller deutschen Urlauber als ersten Wunsch für den Urlaub Ausspannen oder Erholen an. Aber dieses „Ich brauche unbedingt Ruhe!" hält im Urlaub meist nur ein paar Tage an. Danach ist das Ruhebedürfnis befriedigt und es wird langweilig. Nur, wer sich schon vorher fragt, was nach drei Tagen Ruhe passieren soll, für den stehen die Chancen auf einen Traum:Urlaub wirklich gut.

Und noch eines ist sehr wichtig: Ohne zu wissen, was einen wirklich begeistert, bleibt es oft nur bei der Suche nach Schnäppchen. Erfahrungsgemäß ist die Enttäuschung damit aber vorprogrammiert! Wenn es gelingt, die wahren Urlaubsmotive herauszufinden, fällt man die Buchungsentscheidung nicht mehr vordergründig über den Preis. An Urlaubsträumen hängen keine Preisschilder.

### Und wie komme ich nun meinen wirklichen Bedürfnissen, meinen Urlaubsmotiven auf die Spur?

Dafür empfehle ich den Selbsttest zu den 12 Urlaubsmotiven im Buch. Jeder kann sich damit seiner Urlaubswünsche besser bewusst werden. Und ganz wichtig ist auch, wahrzunehmen, wie verschieden die eigenen Bedürfnisse und die der Mitreisenden sein können. Mich fasziniert seit Jahren, wie es gelingt, nach interessanten Selbsterkenntnissen dann wirklich seinen oder den gemeinsamen „Traum:Urlaub" zu finden.

# Der Selbsttest:
## Welche Urlaubsmotive habe ich?

Wenn Sie den folgenden Selbsttest gemacht haben, werden Sie ziemlich genau wissen, was Ihnen für den kommenden Urlaub wirklich wichtig ist.

Auf den folgenden zwölf Seiten erwartet Sie je ein Foto. Entscheiden Sie beim Betrachten bitte spontan, ob dieses Bild Sie in Urlaubsstimmung versetzt. Danach stellen wir Ihnen jeweils weitere drei Aussagen mit den Antwortmöglichkeiten „Ja", „Teils, teils" oder „Nein" zur Auswahl. Auch hier ist Spontaneität Trumpf. Denken Sie am besten an den bevorstehenden Urlaub und antworten aus dem Bauch heraus. Notieren Sie sich Ihre Antworten und die Ihrer Mitreisenden im Formular für den Selbsttest ab Seite 168.

Gehen Sie in jedem Falle erst einmal alle Aussagen des Selbsttests durch, denn meistens hat man mehrere Urlaubsmotive gleichzeitig.

Wenn Sie pro Seite drei- bis viermal „Ja" gewählt haben, ist das ein Hinweis, dass Sie dieses Motiv zu Ihrem Traum:Urlaub führen kann.

Spannende Details dazu erfahren Sie später in der Beschreibung der 12 Urlaubsmotive.

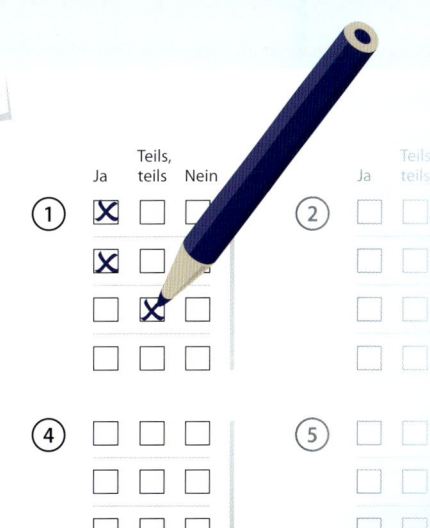

| | Ja | Teils, teils | Nein |
|---|---|---|---|
| Das Foto bringt mich in Urlaubsstimmung. | ☐ | ☐ | ☐ |
| Am liebsten verbringe ich meinen Urlaub mit Lesen oder Nichtstun. | ☐ | ☐ | ☐ |
| Im Urlaub mag ich es, viel Zeit für mich selbst zu haben. | ☐ | ☐ | ☐ |
| Ich nutze den Urlaub, um mein Wohlbefinden zu verbessern. | ☐ | ☐ | ☐ |

|  | Ja | Teils, teils | Nein |
|---|---|---|---|
| Das Foto bringt mich in Urlaubsstimmung. | ☐ | ☐ | ☐ |
| Meine Reise plane ich gründlich vor. | ☐ | ☐ | ☐ |
| Ich bevorzuge bekannte Touristikmarken bei Fluglinie, Hotel, ... | ☐ | ☐ | ☐ |
| Ich mag es, oft in dieselbe Region oder dasselbe Hotel zu reisen. | ☐ | ☐ | ☐ |

|  | Ja | Teils, teils | Nein |
|---|---|---|---|
| Das Foto bringt mich in Urlaubsstimmung. | ☐ | ☐ | ☐ |
| Eine intakte Natur ist mir auf Reisen besonders wichtig. | ☐ | ☐ | ☐ |
| Im Urlaub lege ich Wert auf Bio-Produkte und regionalen Anbau. | ☐ | ☐ | ☐ |
| Für umweltverträgliches Reisen investiere ich mehr Geld und Zeit. | ☐ | ☐ | ☐ |

|  | Ja | Teils, teils | Nein |
|---|---|---|---|
| *Das Foto bringt mich in Urlaubsstimmung.* | ☐ | ☐ | ☐ |
| *Ich kann auf Animation für meine Kinder verzichten.* | ☐ | ☐ | ☐ |
| *Was meine Kinder glücklich macht, hat Vorrang vor eigenen Wünschen.* | ☐ | ☐ | ☐ |
| *Ich will im Urlaub die meiste Zeit mit meinen Kindern verbringen.* | ☐ | ☐ | ☐ |

|  | Ja | Teils, teils | Nein |
|---|---|---|---|
| *Das Foto bringt mich in Urlaubsstimmung.* | ☐ | ☐ | ☐ |
| *Ich vergleiche Preise, um Schnäppchen zu ergattern.* | ☐ | ☐ | ☐ |
| *Ich habe Spaß am Verhandeln.* | ☐ | ☐ | ☐ |
| *Im Urlaub gehe ich gern shoppen.* | ☐ | ☐ | ☐ |

|  | Ja | Teils, teils | Nein |
|---|---|---|---|
| *Das Foto bringt mich in Urlaubsstimmung.* | ☐ | ☐ | ☐ |
| *Zu einem gelungenen Urlaub gehört für mich viel Bewegung.* | ☐ | ☐ | ☐ |
| *Am Sport orientiert sich mein ganzer Urlaub.* | ☐ | ☐ | ☐ |
| *Ich verbringe gern Zeit mit sportlich Gleichgesinnten.* | ☐ | ☐ | ☐ |

|  | Ja | Teils, teils | Nein |
|---|---|---|---|
| Das Foto bringt mich in Urlaubsstimmung. | ☐ | ☐ | ☐ |
| Ich mag Partys und Treffen mit anderen Leuten. | ☐ | ☐ | ☐ |
| Ich liebe es, den Urlaubstag mit meinen Reisepartnern gemeinsam zu gestalten. | ☐ | ☐ | ☐ |
| Ich bin im Urlaub erst dann glücklich, wenn es meine Mitreisenden auch sind. | ☐ | ☐ | ☐ |

|  | Ja | Teils, teils | Nein |
|---|---|---|---|
| Das Foto bringt mich in Urlaubsstimmung. | ☐ | ☐ | ☐ |
| Auf Reisen lerne ich gern Land und Leute kennen. | ☐ | ☐ | ☐ |
| Hintergründe zu Historie, Kultur und Lebensart finde ich spannend. | ☐ | ☐ | ☐ |
| Im Urlaub bin ich besonders unternehmungslustig. | ☐ | ☐ | ☐ |

|  | Ja | Teils, teils | Nein |
|---|---|---|---|
| Das Foto bringt mich in Urlaubsstimmung. | ☐ | ☐ | ☐ |
| Qualität und erstklassiger Service sind mir wichtiger als der Preis. | ☐ | ☐ | ☐ |
| Im Urlaub bevorzuge ich Besonderes und Einzigartiges. | ☐ | ☐ | ☐ |
| In außergewöhnliche Events investiere ich gern. | ☐ | ☐ | ☐ |

|  | Ja | Teils, teils | Nein |
|---|---|---|---|
| Das Foto bringt mich in Urlaubsstimmung. | ☐ | ☐ | ☐ |
| Bei der Reiseplanung verlasse ich mich auf mich selbst. | ☐ | ☐ | ☐ |
| Ich mag es, wenn ich unabhängig machen kann, was ich will. | ☐ | ☐ | ☐ |
| Ich liebe es, im Urlaub spontan und flexibel zu sein. | ☐ | ☐ | ☐ |

|  | Ja | Teils, teils | Nein |
|---|---|---|---|
| Das Foto bringt mich in Urlaubsstimmung. | ☐ | ☐ | ☐ |
| Schöner Ausblick und Ambiente sind mir besonders wichtig. | ☐ | ☐ | ☐ |
| Ich wähle meinen Urlaub anhand der Attraktivität von Fotos. | ☐ | ☐ | ☐ |
| Im Urlaub mache ich mich gern schick. | ☐ | ☐ | ☐ |

|  | Ja | Teils, teils | Nein |
|---|---|---|---|
| *Das Foto bringt mich in Urlaubsstimmung.* | ☐ | ☐ | ☐ |
| *Kulinarische Qualität und Vielfalt sind mir sehr wichtig.* | ☐ | ☐ | ☐ |
| *Zum Urlaub gehören für mich romantische Impressionen.* | ☐ | ☐ | ☐ |
| *Ich lasse mich gern in schönen Wellnessbereichen verwöhnen.* | ☐ | ☐ | ☐ |

27

# Auswertung des Selbsttests für den nächsten Urlaub

**Drei- oder viermal JA** pro Seite: Dahinter verbergen sich Ihre **Haupt-Urlaubsmotive**. Nur wenn hier alles bis ins letzte Detail stimmt, wird das Ihr Traum:Urlaub.

**Zweimal JA** pro Seite: Dahinter verbergen sich Ihre **Neben-Urlaubsmotive**. Hier sind Kompromisse möglich.

**Mindestens dreimal NEIN** pro Seite: Dahinter verbergen sich Ihre **Anti-Urlaubsmotive.** Dieserart Urlaub ist aktuell gar nichts für Sie.

Haben Sie auf einer Seite sowohl **JA** als auch **NEIN** und **TEILS/TEILS** angekreuzt, ist Ihnen das Urlaubsmotiv, was sich dahinter verbirgt, nicht so wichtig. Es spielt für Ihren Traum:Urlaub keine tragende Rolle. Halten Sie sich also nicht mit Unwichtigem auf!

**Was bedeutet das nun praktisch für Ihren Traum:Urlaub?**

Schauen Sie rechts zunächst, welche Nummer aus dem Selbsttest für welches Urlaubsmotiv steht. Was sich dahinter jeweils verbirgt, lesen Sie später in der detaillierten Beschreibung jedes einzelnen Urlaubsmotivs. Die drei Farben im Kreismodell stehen für Urlaubsgrundstimmungen, die auf verschiedenen Wertvorstellungen basieren:

**Rot steht für „sich selbst bewusst, gewinnend".**
**Orange steht für „anregend, inspirierend".**
**Grün steht für „ausgleichend, harmonisch".**

# Die 12 Urlaubsmotive nach Manazon

**12** Genuss — großer Appetit, kulinarisch, sinnlich, lustvoll

**1** Ruhe — zurückgezogen, kein Stress, nichts tun, bequem

**11** Schönheit — attraktive Bilder, Ambiente, Ästhetik

**2** Sicherheit — markenorientiert, perfektionistisch, organisiert, sensibel

**10** Ungebundenheit — selbstbestimmend, autonom, spontan, flexibel

**3** Umweltbewusst — sozial denkend, idealistisch, altruistisch, human

**9** Exklusivität — will Besonderes, angesehen, prominent, elitär

**4** Kinder — Zeit für Kinder, fürsorgend, kümmernd, familiär

**8** Entdeckerlust — kosmopolitisch, wissbegierig, intellektuell, neugierig

**5** Preisvorteil — Spaß am Verhandeln, pragmatisch, sparsam

**7** Geselligkeit — kontaktfreudig, harmonisch, beziehungsorientiert

**6** Sport — bewegungssüchtig, energiegeladen, athletisch, fit

12 Urlaubsmotive
von Vivien Manazon
www.12urlaubsmotive.de

Farblegende:
Rot = sich selbst bewusst, gewinnend
Orange = anregend, inspirierend
Grün = ausgleichend, harmonisch

Modell der
„12 Urlaubsmotive nach Manazon"
© Vivien Manazon 2011

29

# Werte, die uns beeinflussen

Motive leiten sich aus den Werten eines Menschen ab. Diese wiederum sind die Orientierungspunkte, die uns im Leben zeigen, was wichtig ist. Unabhängig von der Individualität des Einzelnen hat der amerikanische Psychologe Professor Steven Reiss fundamentale Werte definiert, die in unterschiedlicher Kombination und Gewichtung das Glück eines Jeden bestimmen können. Diese Grundwerte der Menschheit sind nach Reiss die 16 Lebensmotive: Anerkennung, soziale Kontakte, Ehre, Eros, Essen, Familie, Idealismus, körperliche Aktivität, Macht, Neugier, Ordnung, Rache, Ruhe, Sparen, Status und Unabhängigkeit.[2]

Das Modell von Reiss hat Vivien Manazon inspiriert und ist eine der Grundlagen für die „12 Urlaubsmotive nach Manazon". Schließlich geht es im Urlaub letztendlich auch um Lebensglück. Reiss unterscheidet grundlegend zwei Arten von Glück: Wohlfühlglück und Werteglück.[3]

Wohlfühlglück ist sinnlich. Es entsteht durch angenehme Gefühle. Wenn wir in der Sonne liegen, ausschlafen, einen unterhaltsamen Film sehen, ein gutes Essen genießen, ein anregendes Gespräch oder guten Sex haben – das ist Wohlfühlglück. Es ist intensiv, aber hält nicht sehr lange an. Und, da gibt es das Problem mit der Gewöhnung: Scheint jeden Tag die Sonne im Strandparadies oder ist jeden Tag Party angesagt, lässt der gewünschte Wohlfühleffekt schleichend nach.

Werteglück ist sinnig. Es entsteht, wenn Menschen ihr Leben als sinnvoll betrachten. Es ist für den Moment weniger intensiv, dafür deutlich stabiler. Wenn für Sie das Zusammensein mit Ihren Kindern das Wichtigste ist, kann das Urlaubsparadies noch so schön sein, Ihnen wird es dort ohne Ihre Kinder nicht gefallen. Wenn Sie Angehöriger eines sittlich besonders strengen Mönchordens sind, werden Sie von einem Aufenthalt an einem FKK-Strand im Urlaub absehen.

Die Werte eines Menschen haben also auch entscheidenden Einfluss auf seine Urlaubsvorlieben. Grund genug, uns genauer anzusehen, wie die verschiedenen Werte in Beziehung zueinander stehen. Manche Werte vereinen sich häufiger in einem Menschen, manche kommen seltener gemeinsam vor. Bei genauerem Hinsehen zeigen sich Motivstrukturen, die viel über das Zusammenspiel der einzelnen Werte verraten.

Manazon's „Modell der 12 Urlaubsmotive" basiert außerdem auf Motivstrukturen, die im Buch „Die Sprache der Motivation" charakterisiert sind. Die Autoren Evelyne Maaß und Karsten Ritschl unterscheiden drei Motivstrukturen, um die herum sich Werte gruppieren[4]:

### 1. Durchsetzung
Grundlage hierfür sind Werte, die durch die Hormone Testosteron, Adrenalin und Noradrenalin gefördert werden. Einfluss, Unabhängigkeit, Wettbewerb und Status gehören zu dieser Wertegruppe. Urlauber mit der Motivstruktur **Durchsetzung** haben meist eine aufrechte Körperhaltung, kräftige Stimme, festen Händedruck, unterstreichende Gesten, eine Tendenz zur Dominanz und etwas geringere Empathie.

Im Modell der „12 Urlaubsmotive nach Manazon" ist **Durchsetzung** rot dargestellt und steht für die Urlaubsgrundstimmung: sich selbst bewusst, gewinnend. Die hierzu passenden Urlaubsmotive sind **Ungebundenheit** und **Exklusivität** sowie partiell **Preisvorteil** und **Sport.**

### 2. Inspiration
Grundlage hierfür sind Werte, die durch die Produktion von Dopamin, Acetylcholin und körpereigenen Opioiden gefördert werden. Kreativität, Neues entdecken, Humor, Leichtigkeit und Phantasie sind motivierende Grundthemen. Neugier ist ein wichtiger Antreiber. Urlauber mit der Motivstruktur **Inspiration** haben oft flexible Bewegungen, einen offenen Blick, einen lebhaften Gesichtsausdruck und träumen gerne in den Tag.

Im Modell der „12 Urlaubsmotive nach Manazon" ist **Inspiration** orange dargestellt und steht für die Urlaubsgrundstimmung: anregend, inspirierend. Die hierzu passenden Urlaubsmotive sind **Schönheit, Genuss** und **Entdeckerlust** sowie partiell **Kinder, Sport** und **Geselligkeit.**

### 3. Balance

Grundlage hierfür sind Werte, die mit dem Spiegel von Östrogen, Östradiol, Oytocin, dem Stillhormon Prolaktin und dem Stresshormon Cortisol im Körper korrelieren. Stabilität, Gemeinschaft, Sicherheit sowie Harmonie und Vertrauen sind Pfeiler für **Balance.** Urlauber mit dieser Motivstruktur haben eher sanfte Bewegungen, eine zugewandte Körperhaltung, lächeln oft und bestätigen andere häufig.

Im Modell der „12 Urlaubsmotive nach Manazon" ist Balance grün dargestellt und steht für die Urlaubsgrundstimmung: ausgleichend, harmonisch. Die hierzu passenden Urlaubsmotive sind **Ruhe, Sicherheit** und **Umweltbewusstsein** sowie partiell **Kinder, Preisvorteil, Sport** und **Geselligkeit.**

**Durchsetzung**, **Inspiration** und **Balance** – diese drei Motivstrukturen sind der Grund, weshalb eine Tendenz zu bestimmten Urlaubsvorlieben in Ihrem ganzen Leben bestehen bleibt. Ihr Traum:Urlaub muss aber keinesfalls jedes Jahr gleich aussehen. Ganz im Gegenteil, er kann sich je nach Anlass, Alltagsumfeld und den Mitreisenden verändern. Ein Beispiel: Sind **Ruhe** und **Sicherheit** Ihre stärksten Urlaubsmotive, werden Sie trotzdem an einem verlängerten Wochenende in Paris Gefallen finden. Aber: Sie werden es gut vorplanen und entspannt angehen lassen und keinesfalls vom Eiffelturm Bungee jumpen.

**Fazit:** Für den perfekten Urlaub gilt es also, einerseits Ihr persönliches Werteglück und Wohlfühlglück unter einen Hut zu bringen und andererseits Ihre Motivstrukturen und Urlaubsmotive zu berücksichtigen. Gelingt das alles, ist Ihr Traum:Urlaub so gut wie gesichert!

# Traum:Urlaube mit meinen Reisepartnern

Für viele Menschen bedeutet Traum:Urlaub nicht allein, sondern mit dem Liebsten, der Familie oder einer Gruppe auf Reisen zu gehen. Damit dann aber wirklich alle etwas vom gemeinsamen Urlaub haben, sollten für die anstehenden Entscheidungen auch die Urlaubsmotive der Mitreisenden beachtet werden. Eine Binsenweisheit, die aber oft nicht berücksichtigt wird.

Je größer die Übereinstimmung der Urlaubsmotive aller Mitreisenden ist, desto höher ist die Wahrscheinlichkeit für einen gemeinsamen Traum:Urlaub.

Ob und wie es gelingt, die Urlaubswünsche verschiedener Menschen in unterschiedlichen Lebenslagen „zusammenzubringen", hängt davon ab, wie ähnlich sich die Mitreisenden in ihren Motiven sind. Bevorzugt der eine im Urlaub Ruhe und der andere will vor allem genießen, sieht man beide schon zusammen auf der Terrasse eines beschaulichen Sterne-Restaurants am Meer sitzen, auf dem Teller die gerade gefangene Dorade mit frischem Gemüse der Saison. Schwieriger wird es, wenn zum Beispiel die Motive Kinder und Ungebundenheit aufeinandertreffen. Der spontane Trip ins Nachtleben ist für Junggesellen kein Problem, sehr wohl aber für Eltern, die mit den lieben Kleinen Urlaub machen.

Müssen solch konträre Urlaubsmotive unter einen Hut gebracht werden, braucht es Fingerspitzengefühl. Um knifflige Konstellationen zu erkennen und besser zu verstehen, haben wir Ihnen bei jedem Urlaubsmotiv grundsätzlich harmonische und konträre Urlaubsmotiv-

Kombinationen beschrieben. Für diese ist folgendes zu beachten:

Jeder Mitreisende muss die Möglichkeit haben, seine ureigenen Vorlieben am Urlaubsort auszuleben. Niemand sollte sich gezwungen fühlen, sich den Motiven des Mitreisenden unterzuordnen. Machen Sie nur das gemeinsam, an dem alle Spaß haben!

Das Gemeinsame für den Urlaub zu finden, ist oft allerdings gar nicht so einfach. Warum nicht? Weil uns die Art, wie wir denken, werten und fühlen, häufig alternativlos vorkommt. Dabei verwechseln wir unsere subjektive Welt mit der objektiven Realität und das bietet viel Raum für Missverständnisse. Diese entstehen häufig dann, wenn unterschiedliche Motive aufeinander prallen, die gegenseitig falsch gedeutet werden.

Um Ihnen eine Ahnung zu geben, wie sich diese verschiedenen Wahrnehmungen im Zusammenhang mit Ihren Urlaubsmotiven gestalten können, zeigen wir in jedem der zwölf folgenden Kapitel auf, wie sich Reisende mit diesem bestimmten Urlaubsmotiv selbst sehen, und wie sie von Urlaubern beurteilt werden, bei denen genau dieses Urlaubsmotiv nur schwach ausgeprägt ist. Alles ist subjektiv und sehr menschlich. Jeder hat recht, aus seiner persönlichen Sicht zumindest.

Alle zwölf Urlaubsmotive sind gleichberechtigt.
Keines hat einen höheren Wert als die anderen.

Im Reisealltag schwingt bei dominanten Entscheidern oft die tiefe Überzeugung mit, die eigenen Ziele und Werte seien die besten. Und zwar nicht nur für sich selbst, sondern auch für alle anderen Mitreisenden. Haben solch „selbstbezogene" Menschen gefunden, was aus ihrer Sicht am besten ist, versuchen sie, den Rest der Welt dazu zu bringen, so zu werden, wie sie. Dabei kommt ihnen zu keiner Zeit der Gedanke, dass ihr Leben für sie gut sein mag, für den Nachbarn aber möglicherweise schlecht, weil ihn völlig andere Motive antreiben. Auf den Urlaub übersetzt kann das bedeuten, dass die gesamte Familie mit dem entdeckungsfreudigen Papa stundenlang gemeinsam über alte Steine kraxeln muss. Eine Freude für den Vater, der Horror für die Kinder und mindestens ein Ärgernis für die Mutter.

Setzt einer sein Motiv derart dominant durch, kann das den gesamten Urlaub vermiesen. Der Schweizer Philosoph und Autor von „Die Kunst des Reisens" Alain de Botton beschreibt das so: „Unsere Fähigkeit, angesichts von Schönem oder schönen Dingen Glücksgefühle zu empfinden, hängt entscheidend davon ab, ob eine Reihe von bedeutsameren emotionalen oder psychischen Bedürfnissen bereits erfüllt sind, etwa das Bedürfnis nach Verstandenwerden. ... Wir empfinden keine Freude – können es nicht – angesichts üppiger tropischer Gärten und hübscher Strandhäuschen, wenn sich urplötzlich herausstellt, dass Unverständnis und Missgunst in einer eingegangenen Beziehung schlummern." Die Ernüchterung kann in der Fremde noch härter als zu Hause ausfallen. Wer dort mit seinem Leben oder der Beziehung unzufrieden ist, der schiebt die Schuld auf das Wetter, die hässlichen Gebäude, die beengte Wohnung, ... erklärt de Botton. Aber was, wenn es im Traum:Urlaub nicht besser wird? „Doch auf der tropischen Insel wird uns (nach einem Streit in einem raphiagedeckten Bungalow unter azurblauem Himmel) vorgeführt, dass die Farbe des Himmels und das Aussehen unserer Behausungen von sich aus weder eine Garantie für Freude bieten noch uns ins Unglück stürzen können." [5]

Für Ihren nächsten Urlaub mit Partner, Familie oder Freunden ist es also grundlegend, die gemeinsamen, harmonischen Urlaubsmotive herauszufinden. Sie sollten aber unbedingt auch jene Urlaubsmotive identifizieren, in denen sich Ihre Interessen konträr gegenüberstehen. Denn hier steckt der Frustfaktor, den es zu minimieren gilt.

Optimal sind Urlaubsreisen, die sich an den gemeinsamen Motiven orientieren und zusätzlich Möglichkeiten bieten, konträre Interessen einzeln auszuleben. So sind faule Kompromisse passé und Ihr Traum:Urlaub rückt in greifbare Nähe.

# Übersicht der 12 Urlaubsmotive

Auf diesen beiden Seiten können Sie sich einen Überblick darüber verschaffen, welche der „12 Urlaubsmotiven nach Manazon" sich hinter den Ziffern ① bis ⑫ verbergen.

Springen Sie nun zu Ihrem bevorzugten Urlaubsmotiv. Dort können Sie nachlesen, ob die Ergebnisse des Selbsttests für Sie und Ihre Mitreisenden zutreffen. Das Ganze ist so angelegt, dass Sie auch Ihre „Eigenheiten" wiederfinden können.

# Ruhe, einfach himmlisch.

**In unserer schnellen, lauten Welt sind Momente des ganz für sich Seins besonders kostbar. Das gilt für viele Menschen gerade im Urlaub.**

**Ruhe** ist das „Weg von"- Urlaubsmotiv Nummer eins. Ruhe Suchende wollen Abstand zwischen sich und ihren Alltag bringen. Den Stress im Job, den Ärger mit den Nachbarn, die Hilfe für pflegebedürftige Eltern – all das für zwei oder drei Wochen vergessen. Oder im Gegenteil: mal in Ruhe darüber nachdenken. Das Motiv **Ruhe** ist bei den meisten deutschen Urlaubern im Reisecocktail enthalten. Allerdings ist Ruhe nicht gleich Ruhe. Tatsächlich verbinden Menschen ganz verschiedene Dinge damit.

Das ist erst recht so, vergleicht man – zugegeben etwas klischeehaft – die Vorstellungen von Männern und Frauen. Er will nichts, aber auch gar nichts hören. Norwegen, ein Haus in den Fjorden. Nur die Gitarre oder Musik vom Smartphone sind seine Begleitung. Das ist Ruhe für ihn, der im Alltag zwischen seinen Aufgaben im Berufsleben und als Ehemann hin und her hetzt. **Ruhe** im Urlaub hat etwas von Rückzug in die Höhle: Caveman – und sei es nur für ein paar Tage.

Sie ist die Frau dieses „Kurzzeit-Höhlenmenschen" und nutzt dessen Norwegen-Trip für einen Kurzurlaub. Auch ihr Hauptmotiv ist **Ruhe**. Nur setzt sie es komplett anders um. Ein Badeurlaub mit Freundin: Das Hotel direkt am Strand, die Sonnenliege in Sichtweite, die Modezeitschrift, der neueste Liebesroman oder ein Krimi immer griffbereit.

Der Philosoph Alain de Botton antwortet auf die Frage, warum Leute auf Reisen so gern lesen, wo es doch im Urlaub so viel mehr zu entdecken gibt als bedrucktes Papier:

„Es fühlt sich nicht unbedingt gut an, mit seinem Denken allein gelassen zu sein – und das passiert im Urlaub öfter als im Büro. Also lesen wir lieber einen Thriller und beschäftigen uns damit, ob X wirklich Y erschossen hat. Das lenkt uns von uns selbst ab." [6]

Während ihr Mann dem selbst geangelten Seelachs den Bauch aufschlitzt, sitzt sie mit ihrer Freundin auf der Hotelterrasse und schwenkt ein dickbauchiges Rotweinglas in der Abendsonne. Beide genießen ihre Ruhe. Beide würden mit der „anderen Hälfte" nicht tauschen wollen. Was sie bei aller Verschiedenheit aber eint: Das mit der Ruhe ist im Grunde Etikettenschwindel. Selbst wer nichts macht, macht was.

Alain de Botton glaubt, dass es den Nichtstun-Urlaub überhaupt nicht gibt: „Tatsächlich besteht ein großer Teil eines Urlaubs aus Tagträumen und Reflexionen." Dass hinterher mit glücklichem Grinsen erzählt werde, man habe nichts gemacht, hält er für eine „... bequeme Redeweise. Es klingt halt nicht so toll, den Kollegen nach dem Urlaub zu erzählen: Ich habe die ganze Zeit über meine Beziehung nachgedacht, oder: Ich habe mir Gedanken über die Zukunft gemacht." [7]

Hinter dem Wunsch nach Ruhe verbirgt sich meist das Bedürfnis, die Gedanken ungestört wandern zu lassen und das eigene Leben zu reflektieren. Das machen Männer nun mal lieber mit sich aus und Frauen gern im Gespräch mit anderen. Ruhe kann also Norwegen heißen oder eben Mallorca. Mit der gemeinsamen Feststellung, einen ruhigen Urlaub verbringen zu wollen, ist es deshalb nicht getan. Beide sollten sich fragen, was sie mit Ruhe meinen: die Abwesenheit von Verpflichtungen oder wirklich die Einsamkeit?

Für Männer wie Frauen gilt: Die Urlaubsgruppe der Ruhe Suchenden besteht aus klassischen Wiederholungstätern. Überraschungen und

*Wie herrlich ist es, nichts zu tun und sich vom Nichtstun auszuruhn.*

Heinrich Zille

Unbekanntes werden als lästige Störungen der gewünschten Ruhe gewertet. Deshalb bleiben diese Urlauber meist einer Region, häufig sogar demselben Hotel oder Ferienhaus, über Jahre treu und genießen Routine und Nichtstun im Urlaubsalltag. Dazu kann es auch gehören, das Essen serviert zu bekommen, statt selbst zu kochen.

Wenn ein Familienurlaub mit Kind und Kegel ansteht, ist es mit der Ruhe oft nicht weit her. Einen guten Kompromiss dafür bieten weitläufige Clubanlagen. Diese sind nun zwar nicht gerade das Haus am Fjord, sie haben aber einen Miniclub für die Kinder und der ist Gold wert für gestresste Eltern. Findet man den richtigen Club, ist dort nicht nur genügend Raum zum Sonnenbaden, sondern auch ein lauschiges Plätzchen unter Palmen zum Lesen und Tagträumen.

 Sehnt sich jemand im Urlaub nach viel **Ruhe**, denkt dieser über sich: „Ich bin besonnen, und strebe nach Ausgeglichenheit." Zu Urlaubern, die eher aktiv sind, fallen ihm Begriffe wie hyperaktiv und ruhelos ein. „Der braucht doch Urlaub nach dem Urlaub!", lautet sein Urteil.

Der Aktivurlauber, bei dem das Motiv **Ruhe** schwach ausgeprägt ist, sieht den Ruhe Suchenden als Langweiler, der seine Zeit vertrödelt. Er selbst will aus seinem Urlaub möglichst viel herausholen, empfindet sich als mutig, unternehmungslustig und Neuem gegenüber aufgeschlossen.

**Ruhe harmoniert mit**

➕ **Sicherheit**
Vertraute Reiseziele und bekannte Touristikmarken bringen weniger Stress und unerwünschte Überraschungen.

➕ **Ungebundenheit**
Ganz in Ruhe kann man sich auf die eigenen Wünsche konzentrieren.

➕ **Schönheit**
Ruhe Suchende erfreuen sich gern am Ausblick und dem schönen Ambiente.

➕ **Genuss**
Es schwelgt sich am besten mit Muße.

**Ruhe ist konträr zu**

➖ **Kinder**
Sie toben gern, sind laut und somit der natürliche Feind der Ruhe.

➖ **Sport**
Zu viel Bewegung (zer)stört jede Ruhe.

➖ **Geselligkeit**
Zu viele Menschen und Ruhe passen nicht zusammen.

➖ **Entdeckerlust**
Ausufernde Unternehmungslust lässt kein Gefühl der Ruhe aufkommen.

## Urlaubsempfehlungen

**Bequem zu erreichende Reiseziele mit kurzer An- und Abreise, möglichst ohne Umsteigen**

**Dasselbe Hotel oder Ferienhaus, derselbe Club oder zumindest dasselbe Clubkonzept wie im vergangenen Jahr**

**Weitläufige Anlagen direkt am Strand mit ausreichend ruhigen Plätzen zum Relaxen**

**Komfortable Wellnessbereiche**

**Viele Möglichkeiten für Mitreisende und Kinder, den eigenen Interessen nachzugehen**

**Das Ferienhaus, die Finca oder die kleine Pension in einsamer Lage**

**Gesundheitsurlaub mit überschaubarem Programm**

**Reisen mit meditativem Charakter, zum Beispiel in ein Kloster**

**Kreuzfahrten mit vielen Seetagen und individuellen Rückzugsmöglichkeiten, wie Balkonkabinen**

 In Louisiana ist es explizit in Hotels und Motels verboten, zu schnarchen, wenn andere Gäste dadurch gestört werden. Bei Zuwiderhandlung droht eine Geldstrafe.
Aus: Die verrücktesten Gesetze der Welt [8]

# Bitte keine Animation

## Andreas Marius-Weitersagen
## Musiker und Sänger

**_Reisen Sie gern?_**

Ich bin als Musiker beruflich elf Monate im Jahr unterwegs. Und wenn ich dann in den Urlaub fahre, verbinde ich Ruhe mit Bildung.

**_Wie sieht das konkret aus?_**

Ich mache mit meiner Lebensgefährtin Kurzurlaube. Städtereisen in Europa: Venedig, Barcelona, Helsinki, Moskau, Prag, Budapest… Und dann fahre ich auf die Insel der Inseln. Erst fliegen, dann mit dem Boot und noch mal mit dem Boot und noch mal mit dem Boot. Am Ziel sind dann maximal 15 Leute. Das ist Ruhe pur.

**_Wo zum Beispiel?_**

Thailand, Neuseeland, Australien. In Australien war ich mit meinem Cousin, Doktor der Geophysik, der ganz wenig redet. Wir waren fünf Wochen dort und haben in dieser Zeit zweimal jemanden gesehen. Ich habe einfach keine Lust, Leute zu treffen, denen ich einmal im Leben begegne und die dann viel reden wollen. Den „Weitersagen" mache ich jetzt schon zehn Jahre lang, da werde ich natürlich immer bekannter. Und: Ich werde ja angesprochen, weil die Menschen denken, da ist der Westernhagen. Ich rede gern und viel, aber im Urlaub brauche ich Ruhe.

***Können Sie die Ruhe dann auch wirklich über Wochen leben?***

Ja, ich kann das so richtig auskosten. Ich tauche ein in die Ruhe, kann wunderbar abschalten und mache die ersten Tage gar nichts. Ich schlafe und allenfalls lese ich etwas. Erst später gehe ich an den Strand und in den Wald. Ich miete mir ein Moped und fahre über die Insel. Die größte Strafe wäre für mich, eine Gruppenreise mit dem Bus irgendwohin zu gewinnen.

***Und wie erholen Sie sich ansonsten?***

An Wochenenden fahren wir zum Beispiel an Mecklenburger Seen Fahrrad. Wir nehmen uns ein gutes Hotel mit Sauna, die mindestens bis 23 Uhr oder am besten durchgehend geöffnet haben muss. Außerdem lese ich dann viel.

***Hat sich das mit dem Bedürfnis nach Ruhe im Laufe der Zeit als Rock-Star erst so entwickelt?***

Irgendwie hatte ich das schon immer. Ein Beispiel: Meine Eltern hatten ein Wochenendhaus. Da habe ich mich als langhaariger 19-jähriger Rocker freiwillig gemeldet, das Häuschen winterfest zu machen. Allein! Oder schon lange vorher, ab der siebten Klasse, habe ich Jahre lang neben der Schule am Stadt-Theater Freiberg in Sachsen Musical gemacht. Und in den Ferien, wenn keiner da war, habe ich dort dann die Fenster gestrichen. Auch wieder allein, was mir richtig gut getan hat.

***Sie sind ja auch Vater von drei Kindern. Haben die früher den Urlaub bestimmt?***

In meinem ersten Leben bin ich natürlich mit der Familie in den Schulferien in den Urlaub gefahren. Man fuhr in das Kindergeschrei hinein: Italien, Teneriffa, Gran Canaria. Aber auch dort bin ich dann in den allerletzten Winkel gefahren. Zweimal waren wir mit den Kindern im Robinson-Club auf Kreta und in der Schweiz. Aber kein drittes Mal.

### Wie wählen Sie heutzutage Ihren Urlaub aus?

Wir kriegen Tipps von Freunden. Und wir recherchieren lange. Es gibt Portale im Internet, die gibt es gar nicht. Soll heißen: Ich finde die nie wieder. Meine Lebensgefährtin kennt sich da unheimlich gut aus. Wir wissen genau, was wollen wir und was nicht. Es soll exklusiv sein, aber einfach. Und das Wichtigste ist: Bitte keine Animation! Und keine Diskothek. Und keine Band in der Nähe. Nicht, dass mich jemand fragt, ob ich mal kurz auftrete…

### Was ist im Urlaub mit dem Smartphone?

Die erste Woche ist das Teil komplett aus. Ab der zweiten Woche lese und schreibe ich ab und an E-Mails. Zu Hause schaue ich übrigens auch tageweise nicht auf das Smartphone.

### Erinnern Sie sich an ein verrücktes Erlebnis im Urlaub?

Ich habe auf Lanzarote weinende, zwei Meter große Männer im Flugzeug erlebt. Nachdem der Jet kurz abgehoben hatte, ging es sofort wieder runter und dann ist die Maschine am Zaun gerade so zum Stehen gekommen. Technischer Defekt. Wir mussten sechs Stunden lang auf dem Flughafen warten. Dann dasselbe noch mal. Und ein drittes Mal. Das vergesse ich mein ganzes Leben nicht.

Oder: Als Musiker war ich irgendwann auch einmal in Russland. In Perm, am Rande des Ural. Dorthin sind wir von Moskau aus mit der transsibirischen Eisenbahn gefahren. 27 Stunden lang. Aber das wird ein eigenes Buch, das ich schreibe.

### Gibt es einen Traumurlaub für Sie?

Ja, mit einem Zug zu fahren, so wie in Indien. Eine Art Orient-Express ist das – durch Laos oder Vietnam. Es gibt dort die besten Hotels der Welt und alles soll wahnsinnig teuer sein. Aber das brauche ich nicht. Ich will Land und Leute kennenlernen.

# Bloß keine bösen Überraschungen

**Reisen ist mit etwas Fremdem verbunden und das verunsichert. Hinter dem Bedürfnis nach Sicherheit stehen Ängste und diese können beim Verreisen vielfältig sein.**

Beim Urlaubsmotiv **Sicherheit** gibt es ganz unterschiedliche Ausprägungen. Der eine begegnet der unbekannten Kultur und dem Alltag seines Reiselandes mit einer gewissen Skepsis. Der andere checkt vor Beginn seiner Reise x-mal, ob er auch wirklich Reisepass, Flugtickets und Hoteladresse eingesteckt hat.

Gehören Sie zu jenen, die schon lange vor dem Urlaub gedanklich die schlimmstmöglichen Szenarien durchgehen, damit Sie auch wirklich nichts erschüttern kann? Dann sind Sie eindeutig ein **Sicherheits**-Reisender, bei dem die Vorsicht schon bei der Planung des Urlaubs ständiger Begleiter ist.

Beim Buchen greifen Urlauber mit großem Sicherheitsbedürfnis vorwiegend auf bekannte Touristikmarken zurück, die Vertrauen vermitteln. **Sicherheits**-Urlauber sind gern Stammgäste. Der Wunsch nach Bekanntem, nach Routine und Stabilität bestimmt alles. Wechselt der **Sicherheits**-Reisende dann doch einmal das Hotel, versucht er schon im Vorfeld, Garantien für das Gelingen des Urlaubs zu bekommen: positive Kundenbewertungen, Siegel wie das TÜV-Zeichen oder Versprechungen á la Schneesicherheit. Haben **Sicherheits**-Urlauber nach intensiver Prüfung eine bisher unbekannte Unterkunft ins Auge gefasst, wird sie vorher erst einmal genau unter die Lupe genommen. Die Rezeption des Hotels sieht sich dann Fragen ausgesetzt wie: „Passt der Koffer unters Bett?" und „Wie viele Bügel hängen im Kleiderschrank?"

Besonders wichtig ist Urlaubern mit großem Sicherheitsbedürfnis die Wahl der Verkehrsmittel. Manche würden gern mal in den sonnigen Süden jetten, bekommen es aber einfach nicht übers Herz, auch nur einen Fuß in ein Flugzeug zu setzen. Haben sie aber einmal ihre Flugangst überwunden und eine Fluggesellschaft gefunden, die sie ohne Absturz ans Reiseziel gebracht hat, bleiben sie ihr treu.

Wer **Sicherheit** als dominierendes Urlaubsmotiv hat, will Unglücke jeglicher Art im Urlaub ausgeschlossen wissen. Auf keinen Fall reist er in ein „unsicheres" Land, selbst wenn die Reisewarnung des Auswärtigen Amtes schon seit Jahren nicht mehr gilt. Ein Hotel in der Nähe eines Vulkans würde er niemals beziehen. Bekommt er den Hinweis, dass zuletzt vor 30.000 Jahren Lava aus dem Krater austrat, entgegnet er besorgt: „Dann ist es ganz sicher bald wieder so weit."

Weit vorn in der Liste der Ängste findet sich ebenso die Sorge um die eigene Gesundheit. In der Fremde könnten Infektionen, hygienische Probleme, Magen-Darm-Beschwerden oder andere Unverträglichkeiten warten. Und auch die Angst vor Diebstählen, politischen Unruhen, terroristischen Anschlägen oder Naturkatastrophen kann sich hinter dem Sicherheitsbedürfnis im Urlaub verbergen.

Zu den **Sicherheits**-Urlaubern gehören auch jene, die sich sorgen, dass der Urlaub hinter den Erwartungen zurückbleiben könnte. Sie haben Angst vor schlechtem Wetter oder sind unsicher wegen fehlender Sprachkenntnisse. Zur gewünschten Sicherheit gehört deshalb auch, sich in der eigenen Sprache – oder zumindest in Englisch – verständigen zu können. Für durchorganisiertes Sightseeing werden qualifizierte Reiseleiter geschätzt. Auf dem Speiseplan sollten, wenn schon ausländische, dann vor allem bekannte Gerichte stehen. Um rohes und exotisches Essen machen sicherheitsorientierte Urlauber einen großen Bogen.

*Sicher ist,
dass nichts sicher
ist. Selbst das nicht.*

*Joachim Ringelnatz*

Junge Familien mit Kindern sind oft **Sicher-heits**-Urlauber. Schon aus Rücksicht auf den Nachwuchs spielt der Sicherheitsaspekt eine große Rolle. Das geht später sogar so weit, dass manche Familien immer wieder in dasselbe Strandhotel fahren, obwohl ihr Kind längst dem Kinderprogramm entwachsen ist. Getreu dem Motto: Was mal schön war, wird auch beim nächsten Mal wieder schön sein. Vielleicht wechselt man das Urlaubsland – der Hotelkette, dem Reiseveranstalter oder dem Cluburlaub aber bleibt man treu.

Beim Urlaubsmotiv **Sicherheit** geht es also einerseits um physisches und andererseits um psychisches Wohlbefinden. Es sind deutsche Urlauber, denen Sicherheit im Urlaub besonders wichtig ist. Nicht umsonst heißt es im Amerikanischen „German Angst". Und diese ist mittlerweile sprichwörtlich.

Ist das Motiv **Sicherheit** beim Urlauber stark ausgeprägt, denkt dieser über sich: „Ich habe alles unter Kontrolle, bin ordentlich, zuverlässig und gut informiert." Zu Reisenden, die das **Sicherheits**-Motiv nicht haben, fallen ihm Begriffe ein, wie unorganisiert, nachlässig und in den Tag hinein lebend.

Der Urlauber, bei dem das Motiv **Sicherheit** schwach ausgeprägt ist, sieht sich als spontan, ohne Zwänge und vorurteilsfrei. Den **Sicherheits**-Reisenden bezeichnet er als Kontrollfreak und Perfektionist, unflexibel und voll mit Vorurteilen.

## Sicherheit harmoniert mit

➕ **Ruhe**
Vertrautes und Bewährtes geben ein Gefühl von sicherem Urlaubs-Zuhause.

➕ **Umweltbewusstsein**
Bio-Produkte bieten rundum Schutz vor möglichen Schadstoffen.

➕ **Kinder**
Stehen die Kleinen im Mittelpunkt, ist Sicherheit von vornherein besonders wichtig.

➕ **Exklusivität**
Markenanbieter garantieren Sicherheit als Teil ihrer hohen Qualität.

## Sicherheit ist konträr zu

➖ **Preisvorteil**
Kostengünstige „No-Name-Angebote" können die vielfältigen Sicherheitsaspekte nicht berücksichtigen.

➖ **Entdeckerlust**
Durchorganisierter oder gar wiederholter Urlaub lässt wenig Spielraum für Neues und Exotisches.

➖ **Ungebundenheit**
Spontaneität und Sicherheit sind wie Feuer und Wasser.

## Urlaubsempfehlungen

**Bekannte Touristikmarken – von der Airline über das Hotel bis hin zum Mietwagen**

**Politisch „sichere" Reiseländer, mit geringer Gefahr durch Naturkatastrophen**

**Gute Infrastruktur vor Ort: deutschsprachige Gästebetreuung und medizinische Versorgungsdienste im Hotel, Resort oder Club**

**Hotels mit diskretem, aber professionellem Sicherheitsmanagement**

**Organisierte Rund- oder Studienreisen mit deutschsprachiger Reiseleitung**

**Dasselbe Hotel, Ferienhaus, derselbe Club oder zumindest dasselbe Clubkonzept wie im vergangenen Jahr**

**Eine Speisekarte mit vor allem bekannten, vertrauten Gerichten**

**Reservierung von Ausflügen oder Wellnessanwendungen**

**Garantien wie Schneesicherheit, Zufriedenheitsgarantie, die „100 Besten" oder das TÜV- Siegel**

**Spezielle Internetseiten mit vielen Details zum Reiseziel, zum Beispiel die Webseiten der Fremdenverkehrsämter und touristischen Regionen**

;-) In Großbritannien kann das falsche Aufkleben einer Briefmarke schwer wiegende Folgen haben. Als „Landesverrat" gilt es, wenn die Briefmarke mit dem Abbild der Königin oder des Königs kopfüber aufgeklebt wird. Dies kann als Ausdruck der „Despektierlichkeit" und „Kritik am Könighaus" gewertet werden. Aus: Die verrücktesten Gesetze der Welt [9]

# Einmal Ostsee, immer Ostsee

## Petra Schwarz
## Journalistin und Moderatorin

**Was ist dein Hauptmotiv, Urlaub zu machen?**

Spontan: Ruhe. Bei längerem Überlegen und Erinnern fällt mir aber auf, dass ich Ruhe nur ganz kurze Zeit ertrage. Sehr gern reise ich wieder an Orte, die ich kenne und wo ich mich wohlgefühlt habe. Ich schätze Vertrautes und Bewährtes. Außerdem bin ich jemand, der immer auch etwas unternehmen will. Also in aller Ruhe den Urlaub starten, auch mal faulenzen am Strand und dann etwas erkunden und ein bisschen Bewegung.

**Aber Sport ist nicht wirklich das Motiv, oder?**

Als frühere Schwimmerin habe ich mit dem Erbringen von Höchstleistungen nichts mehr am Hut. Und auch nicht wirklich mit Wasser. Trotzdem zieht es mich immer wieder an die Ostsee.

**Warum?**

Der Ostsee verdanke ich mein Leben. Vor allem wohl dem gesunden Reizklima. In meinem ersten Lebensjahr schwer lungenkrank, verbrachte ich zumeist mit meiner Mutter mehrmals im Jahr immer wieder Wochen und Monate „an der See". Entgegen den Prognosen der Ärzte, die meinen Eltern eine kränkliche Zukunft ihrer Tochter prophezeiten, strotze ich heute vor Gesundheit. Trotzdem zieht es mich immer wieder hin. Ich kann nicht anders.

### Was steckt wohl dahinter?

Kindheitsmuster. Die sind offenbar unauslöschlich in mir drin. Noch heute habe ich – schon Kilometer bevor ich Graal-Müritz (Fischland/Darß) erreiche – Glücksgefühle. In Graal angekommen, muss ich sofort an den Strand, vorbei an prächtig hergerichteten Villen und einigen Plattenbauten. Das letzte Stück des Weges führt durch den Wald. Fünf Minuten Fußweg. Ich kenne jeden Baum und jeden Strauch. Die Erde ist – selbst im Hochsommer – immer leicht feucht. Das kommt von den Torfmooren, die die Landschaft dort prägen. Ein ganz spezieller Duft, leicht modrig. Wenn ich das rieche, fühle ich mich geborgen. Bestimmt, weil das die Umgebung ist, die mir mein Leben schenkte.

### Und woran erinnerst du dich außerdem noch?

Immer wieder an Gerüche. Zum Beispiel an den Duft, der vom Eiswagen kam, der am Weg oberhalb der Düne stand. Dort wurden die Waffeln für das Eis selbst gebacken. Ein alter Zirkuswagen, der mich als Kind alljährlich wieder faszinierte und eine so hohe Anziehungskraft auf mich hatte, dass ich täglich mit meinem Vater „kämpfte", mir dort ein Eis holen zu dürfen.

Auch der Salzgeschmack auf den Lippen ist immer noch da, genauso wie das „Erlebnis Räucheraal". Ein nur wenige Zentimeter großes Stück gab es genau einmal im Jahr. Das war übrigens in den 60er Jahren…

### Und zieht es dich heute noch immer nach Graal-Müritz?

Ab und an. Aber mindestens einmal pro Jahr an die Ostsee! In den vergangenen Jahren war ich regelmäßig auf der Insel Usedom. In Heringsdorf gibt es mehrmals im Jahr größere Mode-Events, unter anderem den „Baltic Fashion Award". Diesen innovativen Wettbewerb junger Modedesigner aus dem Ostsee-Raum habe ich vor ein paar Jahren moderiert. Wenn ich dort bin, kann ich einerseits meinen „Kindheitsmustern" frönen und andererseits das Ganze mit meinen kulturellen Interessen verbinden und darüber hinaus ausspannen. Ich kenne mich in den Kaiserbädern inzwischen auch richtig gut aus und weiß zu schätzen, was mir ein bestimmtes Hotel direkt am Meer mit vielen Annehmlichkeiten nebst guter Küche zu bieten hat.

**Machst du das allein?**

Niemals!

**Mit wem?**

Am liebsten mit meinem Liebsten.

**Und wer bestimmt dann, was gemacht wird im Urlaub?**

Ich natürlich! ☺ Durch dein Modell der 12 Urlaubsmotive weiß ich aber jetzt, dass es unheimlich wichtig ist, die Urlaubsmotive der Mitreisenden erstens zu kennen und zweitens zu respektieren, damit beide etwas vom Urlaub haben.

**Du hast mich ja auf die Idee gebracht, mein Modell der 12 Urlaubsmotive als Buch herauszubringen. Was hat dir dazu den Anstoß gegeben?**

Als ich vor einiger Zeit deinen Vortrag dazu hörte, fand ich das Modell sehr einleuchtend und überzeugend. Und anregend, sich zu fragen: Welcher Urlaub passt in welcher Situation wann und mit wem zu mir? Ich fand, davon sollten viele Menschen etwas wissen, zumal wir Deutsche nach wie vor Reise-Weltmeister sind. Aber oft unzufrieden damit, wie der letzte Urlaub gelaufen ist.

# Grünes Licht für Urlaub

**„Öko" ist in. Nicht nur bei Tee, Kaffee und Müsli. Auch im Urlaub wird der Schutz der Umwelt für immer mehr Menschen wichtig.**

Noch ist der Öko-Tourismus eine Nische. Allerdings eine, die kräftig wächst. Je mehr Naturkatastrophen und Klima-Horror-Szenarien durch die Medien geistern, desto größer wird unsere Sensibilität. Eine Folge: Auch der Markt für den Umwelt-Tourismus wächst.

**Umweltbewusste** Urlauber interessieren sich für die Schönheiten dieser Welt. Sie wollen ihr Urlaubsvergnügen, mit ihrer eigenen Reise aber nicht zur weiteren Schädigung unserer Umwelt beitragen. Dabei haben sie neben dem Schutz der Natur auch die Arbeits- und Lebenssituation der Einheimischen im Blick.

Sind Sie ein **Umwelt**-Urlauber? Sie bekommen das leicht heraus, wenn Sie sich folgende Fragen beantworten: Sind Ihre Traumreiseziele natürlich gewachsene und nicht künstlich geschaffene Urlaubswelten? Langstreckenflüge und Kreuzfahrten kommen für Sie kaum in Betracht? Fahrrad- oder Bahnreisen entsprechen eher Ihren Reisewünschen? Sie buchen bevorzugt bei Reiseveranstaltern, die auf Umweltverträglichkeit spezialisiert sind? Sie ernähren sich zu Hause bewusst mit Bioprodukten und achten auch im Urlaub auf eine möglichst naturnahe Ernährung mit saisonalen, einheimischen Produkten? Haben Sie mehrfach mit „Ja" geantwortet, können Sie sicher sein, dass **Umweltbewusstsein** ein wichtiges Urlaubsmotiv für Sie ist. Dominiert dieses gar, kommt oft noch der Aspekt der sozialen Gerechtigkeit hinzu. **Umwelt**-Reisende unterstützen nicht selten Hilfsprojekte: Sie helfen beim Aufforsten des Regenwaldes in Borneo oder beim Brunnenbohren in Afghanistan.

Dass **Umweltbewusstsein** für die Tourismus-Industrie längst ein Thema ist, zeigt sich beim Blick auf den Reisemarkt. Inzwischen gibt es laut Fachpresse mehr als 50 deutsche Umweltsiegel für Touristikanbieter, deren Angebote besonders umweltverträglich sind. Ein Beispiel ist „TourCert", das Qualitätssiegel für nachhaltigen Tourismus. Ökologisch tragbar, wirtschaftlich machbar, ethisch und sozial gerecht. Für diese Art von Tourismus steht auch das „forum anders reisen" mit seinen mehr als 160 Mitgliedern – kleinen und mittelständischen Reiseveranstaltern. Sie haben sich dazu verpflichtet, einen umfassenden Kriterienkatalog umwelt- und sozialverträglichen Reisens einzuhalten. Doch auch die großen Reiseveranstalter wollen in diesen wachsenden Markt. Für die nahe Zukunft sind eigene Kataloge mit dem Schwerpunkt **Umwelt**-Tourismus geplant. Was es heute schon gibt, ist die Kampagne „Futouris", die von TUI, Robinson Clubs und weiteren Reiseveranstaltern wie airtours, Aida Cruises, Thomas Cook und Neckermann Reisen gefördert wird. Diese Initiative will zur Verbesserung der Lebensverhältnisse, zum Erhalt der biologischen Vielfalt und zum Umwelt- und Klimaschutz beitragen.

> *Spätestens wenn die Kinder fragen, wo bei der Kuh die Butter rauskommt, hilft nur noch eins – Urlaub auf dem Bauernhof.*
>
> *Friedrich Küppersbusch,*
> *Journalist*

Dass „Öko" bereits im Fünf-Sterne-Bereich angekommen ist, zeigen schon heute umweltverträgliche Projekte wie das 2011 eröffnete Park Hyatt Maldives Hadahaa mit 50 Villen. Hier gilt ein strenges Zertifizierungsprogramm sowohl bei der Errichtung der Villen als auch beim täglichen Management. Zur Nachhaltigkeitspolitik des Resorts gehört, dass Energie und Wasser gespart werden und Abfall vermieden wird.

Ja, es scheint so, als werfen sich die Großen der Branche ein „grünes Mäntelchen" über. Aber: So tun sie einerseits etwas für unsere Umwelt und sichern sich damit andererseits die Grundlagen ihres Geschäfts. Saubere Meere und Strände, intakte Kulturlandschaften und artenreiche Regenwälder sind die Rohstoffe des internationalen Reisemarkts der Zukunft.

 Der **Umwelt**-Urlauber schätzt sich selbst als human, uneigennützig und sozial ein. Er denkt nicht nur an sich, sondern auch an das Wohl anderer. Zum Urlauber, dem **Umweltbewusstsein** egal ist, fallen ihm Begriffe wie unsensibel, verantwortungs- und gefühllos ein.

Der Reisende, bei dem das **Umwelt**-Motiv schwach oder gar nicht vorhanden ist, sieht sich selbst als pragmatisch und realistisch. Den **Umwelt**-Urlauber klassifiziert er als Träumer ohne Sinn für das Machbare.

**Umweltbewusstsein harmoniert mit**

➕ **Sicherheit**
Bio-Produkte bieten Schutz vor möglichen Schadstoffen.

➕ **Sport**
Wenn naturverbundene Sportarten, wie Wandern oder Radfahren, bevorzugt werden.

➕ **Entdeckerlust**
Wenn fremde Kulturen, Land und Leute behutsam erkundet werden.

➕ **Schönheit**
Eine intakte Natur ist Voraussetzung für einen gelungenen Urlaub.

**Umweltbewusstsein ist konträr zu**

➖ **Preisvorteil**
Beim Schnäppchenurlaub spielt Umweltbewusstsein meist keine Rolle.

➖ **Exklusivität**
Luxushotels verbrauchen pro Gast viel mehr Energie und andere Ressourcen als umweltbewusste Hotels.

## Urlaubsempfehlungen

**Bei umweltbewussten und zertifizierten Urlaubsanbietern buchen**

**Bahn- oder Fahrradreisen bevorzugen**

**Reisen, die eine naturnahe und umweltgerechte Beobachtung regionaler Flora und Fauna ermöglichen**

**Wanderungen oder Kanutouren in intakter Natur**

**Hotels oder Pensionen mit regionaler Küche und Bioprodukten sowie umweltfreundlichem Energiehaushalt**

**Ferienwohnungen, Wohnungstausch oder Privatzimmer mit guter Integration ins soziale Umfeld**

**Reisen, die mit der Unterstützung sozialer Projekte verknüpft sind**

**Begleitung umweltwissenschaftlicher Expeditionen (Klimaforschung, Tierschutz)**

 In Großbritannien existiert seit 1934 ein Gesetz, dass das Ungeheuer von Loch Ness, lediglich für den Fall, dass es tatsächlich existiert, unter Naturschutz stellt.
Aus: Die verrücktesten Gesetze der Welt [10]

# Ohrenbetäubende Stille
## Sibylle Gabler
## Kommunikationsmanagerin

**Sie haben eine besondere Vorliebe, Urlaub zu machen?**

Ja, seit zehn Jahren sind meine bevorzugten Ziele die Wüsten dieser Welt. Wir waren in der Mojave-Wüste in den USA, in der Zentralsahara, in der Wahiba und Rub al-Chali im Oman, auf dem Sinai, in Jordanien und in der Thar in Indien. Als Nächstes steht Namibia auf dem Reiseplan.

**Was ist für Sie das Besondere an Wüsten?**

Das sind die so unterschiedlichen Formen, die zu fantastischen Landschaftserlebnissen führen. Das klassische Wüstenbild ist ja ein Meer aus Sand. Aber Wüste ist viel vielfältiger. Es gibt auch Wanderdünen und Salzseen, Geröllwüsten oder Tafelberge, die am Rande zerklüften. Anderswo sieht man Basaltformationen, Monolithe oder pilzartige Formationen. Was mich an Wüsten ganz besonders reizt, ist die Weite. Ich mag Trekking sehr, sich zu Fuß oder mit Kamelen in der Landschaft zu bewegen. Mit Kamelen ist es besonders meditativ. Man nähert sich in Schrittgeschwindigkeit der Natur und alle Sinne schärfen sich. Diese Reduktion von Farben und Formen führt zu einer ganz anderen Wahrnehmung. Man beschäftigt sich mit sich, steht also im Mittelpunkt und ist doch gleichzeitig nur ein weiteres unbedeutendes Sandkorn in scheinbar unendlicher Weite.

*Wie hat sich Ihre Vorliebe für Wüstenreisen entwickelt?*

Ich habe mich immer schon für Wüsten interessiert. Angefangen hat das mit einem Kinderbuch über die Abenteuer von Heinrich Barth, einem deutscher Entdecker. Er ist 1850 von Tripolis/Libyen aus in den Süden in die Sahara gereist und dann nach Timbuktu. Ein Stück weit habe ich seinen Pfad gekreuzt und den „sagenumwobenen" Idinen, den Geisterberg, gesehen, an dem Barth in Lebensgefahr geriet.

*Nach welchen Aspekten wählen Sie Ihre Reisen aus?*

Zuallererst Sicherheit! Deshalb reisen wir im Moment nicht in die meisten Länder Nordafrikas. Außerdem wollen wir nicht mit Geländewagen rumbrausen, sondern uns langsam und naturverbunden bewegen. Wir bevorzugen spezialisierte Anbieter mit kleinen Gruppen und lokalen Guides beziehungsweise Kameltreibern. Dabei haben wir fast immer Gleichgesinnte getroffen.

*Wann ist die beste Zeit für Wüstenreisen?*

Im Hochsommer ist es unerträglich, deshalb fahren wir im Winter. Außerdem halten gefährliche Tiere, wie Skorpione, dann Winterschlaf. Richtig gefährliche Tierkontakte hatten wir nie, aber Stachelschweine im Oman können sehr beunruhigende Laute von sich geben. Das Gefährlichste in der Wüste sind aber nicht die Tiere. Es ist der Regen und es gibt keine Vegetation, die ihn auffängt. Das Wasser kommt dann erbarmungslos von allen Seiten. Es sind mehr Leute in der Wüste ertrunken als verdurstet.

*Welche Erfahrungen haben Sie mit dem Essen bei Ihren Wüstenreisen gemacht?*

Zu neunzig Prozent haben wir positive Erfahrungen gesammelt. Auf einer geführten Reise ist meistens ein Koch dabei. Abends gibt es oft Reis mit Fleisch oder schmackhafte Eintöpfe. In der Sahara war Brotbacken für mich ein besonderes Erlebnis. Der Teig wird unmittelbar in der Glut gebacken. Das schmeckt super lecker. Ebenso wie Fleisch, das in Alufolie gegart wird.

### Sind Wüstenreisen besonders umweltfreundlich?

Ja, weil man zwangsläufig wenig Müll produziert.

### Und wie muss man sich die Nächte in der Wüste vorstellen?

Wir übernachten bevorzugt im Freien, möglichst nicht im Zelt. Mein Mann ist Sterneliebhaber. Der Mond ist fast so hell, dass man nachts lesen kann. Wüsten bei Nacht sind oft ein Abenteuer in unglaublicher Weite. Nachts sucht sich jeder seinen Fleck Freiheit. Dann ist man gemeinsam einsam.

### Welches Urlaubserlebnis werden Sie nie vergessen?

Meine allererste Nacht in der Wüste. Da war es – anders als normalerweise – zappenduster. Jeder suchte sich allein sein Fleckchen, niemand war zu sehen. Als ich endlich am Einschlafen war, meinte ich Schritte im Sand zu hören. Ich schreckte hoch, hörte nichts und legte mich wieder hin. Dann hörte ich wieder Schritte und geriet in Panik, weil ich das Gefühl hatte, dass sich da was anpirscht. Bis ich dann irgendwann merkte: Das Geräusch war das Klopfen meines eigenen Herzens im Ohr! Da habe ich zum ersten Mal in meinem Leben ohrenbetäubende Stille erlebt.

### Und was ist Ihnen noch im Gedächtnis?

Sehr gut erinnere ich mich an die raren Begegnungen mit Wüstenbewohnern. In Algerien hatten wir zum Beispiel einen einheimischen Guide aus dem Volk der Tuareg. Hier tragen die Männer große Turbane und sind verschleiert, die Frauen hingegen nicht. Es ist ein Schutz gegen Sonne und Sand, aber auch eine Frage der Scham: Der Mann zeigt seinen Mund nicht. Die Tuareg und auch viele andere Wüstenbewohner haben eine hohe natürliche Würde.

# Kinder sind mein Ein und Alles

**Für Urlauber, die dieses Motiv haben, ist der Urlaub nur gelungen, wenn er Kinderaugen zum Strahlen bringt.**

Eltern oder Großeltern, die mit dem Nachwuchs verreisen, wollen jede Minute der kostbaren Urlaubszeit mit ihren Kindern oder Enkeln zusammen verbringen und viele gemeinsame Erlebnisse haben. Der Miniclub zur Bespaßung des Nachwuchses wird meist nicht gebraucht. Die Interessen der Erwachsenen rücken in den Hintergrund. Auf Safari in die Serengeti kann man auch noch gehen, wenn die lieben Kleinen aus dem Haus sind.

Sie gehören zu jenen Menschen, denen im Urlaub nichts wichtiger ist als die Familie? Vielleicht haben Sie im Alltag nicht genügend Zeit für die Kinder und möchten die gemeinsame Urlaubszeit deshalb besonders intensiv nutzen? Sie richten Ihren Urlaub insgesamt auf die Bedürfnisse Ihrer Kinder aus? Ja, vielleicht sogar mehrmals? Dann spielt das Urlaubsmotiv **Kinder** bei Ihnen eine wirklich wichtige Rolle. Animation für die Kinder ist weitgehend unnötig, dafür sind hochwertige Freizeitangebote mit Kreativ-, Mal- und Bastelkursen, geleitet von ausgebildeten Fachleuten, oder kleine Theaterinszenierungen, Teenie-Sport-Turniere und Tanzkurse eine Option für Sie und die lieben Kleinen. Man kann mitmachen, muss es aber nicht.

Damit der Urlaub mit den Kindern kein Reinfall wird, empfiehlt es sich, vor der Buchung die Reisebeschreibung besonders aufmerksam und auch zwischen den Zeilen zu lesen. Nicht selten finden sich Spielplatz, Kinderpool und ein – wie auch immer geartetes Betreuungsangebot – mit drei lachenden Kindergesichtern im Katalog oder auf der Homepage, was automatisch als familienfreundlich eingestuft wird. Vor Ort entpuppt sich der Spielplatz dann aber vielleicht als eine Art „antike Ausgrabungsstätte" mit gebrochenen Holzbalken, rostigen Nägeln und verblichenen Farben an Wippe und Schaukel.

Je kürzer und direkter die Anreise, umso besser für alle. Fünf Stunden Zwischenstopp auf einem Flughafen irgendwo in der großen weiten Welt sind mit übermüdeten Kindern alles andere als ein Vergnügen. Angekommen am Urlaubsort, empfiehlt sich eine gewisse Konstanz. Häufige Orts- oder Hotelwechsel und Rundreisen sind für alle Beteiligten zu anstrengend. Gegen kindgerechte Ausflüge – vom Reiseziel aus – spricht natürlich nichts.

> *Urlaub ist die Fortsetzung des Familienlebens unter erschwerten Bedingungen.*
>
> Dieter Hildebrandt,
> Kabarettist

Je kleiner die **Kinder**, desto stärker spielen Sicherheitsaspekte eine Rolle. Die Terrasse über der Steilklippe mit Blick auf das tosende Meer kann noch so idyllisch sein, spielen die Kleinkinder am Abgrund, werden die Eltern dort keine ruhige Minute im Urlaub haben. Ist mit zunehmendem Alter der Kinder das Nachmittage füllende Sandburgenbauen am Strand passé, zählen Spiel-, Spaß- und Sportmöglichkeiten im Hotel und das, was das weitere Umfeld der Urlaubsregion an Ausflugsmöglichkeiten und Familienunternehmungen bietet.

Alain de Botton – Journalist, Autor und Philosoph – stellt ein Familienurlaub vor eine Herausforderung: „Man sucht als Kernfamilie nach ungewöhnlichen Erfahrungen, die alle miteinander verbindet." Das ist eine „hochkomplexe Angelegenheit". Dabei müssen vor allem die Eltern Abstriche machen. „Kindern kann man keine Kirche zeigen und sagen: Wie interessant, Karl der Große war hier! Kinder wollen physische Attraktionen wie Geschwindigkeit, Wasser, Sand." [11]

Eine interessante Verbindung aus entspanntem Reisen mit Kindern und Mobilität sind Kreuzfahrten. Anbieter wie Disney oder AIDA haben bereits erfolgreich Familienangebote entwickelt.

Es geht aber auch unspektakulärer und weniger kostenintensiv. Eltern mit dem Urlaubsmotiv **Kinder** können auch in einer schönen Ferienwohnung glücklich werden.

Eine weitere gute Urlaubsvariante für Familien ist das Strandresort, das es Vater und Sohn erlaubt, einen ganztägigen Trekkingausflug zu machen, während Mutter und Tochter gemeinsam Shoppen gehen oder sich stundenlang am Strand aalen.

Einmal den Traum:Urlaub mit Kindern gefunden, spricht vieles für eine Wiederholung im nächsten Jahr. Kinder schätzen es, auch im Urlaub in eine vertraute Umgebung zu kommen. Häufig werden in den Ferien zudem Freundschaften geschlossen, die auf diese Weise über Jahre hinweg wachsen können.

In punkto Familienurlaub gilt es immer wieder neu zu bedenken: Je älter der Nachwuchs wird, desto stärker entwickelt er seine eigenen Motive. Wie mit jedem anderen Mitreisenden auch sollten diese besprochen und bei der Urlaubswahl aufeinander abgestimmt werden.

Bestimmen **Kinder** den Urlaub, empfindet sich dieser Familien-Urlauber als sich liebevoll um die Kleinen kümmernd und die eigenen Wünsche hinten anstellend. Diejenigen, die sich im Urlaub nicht so verhalten, hält er für egoistisch und verantungslos.

Ohne **Kinder** Reisende hingegen schätzen sich als unabhängig, frei und flexibel ein. Die anderen empfinden sie als hausbacken, belastet und unflexibel.

## Kinder harmoniert mit

➕ **Sicherheit**
Wenn Kinder im Mittelpunkt stehen, sind Sicherheitsaspekte besonders wichtig.

➕ **Umweltbewusstsein**
Öko-Hotels bieten Schutz vor Schadstoffen und schonen die Umwelt.

➕ **Sport**
Bei körperlichen Aktivitäten können sich die Kleinen richtig austoben.

➕ **Geselligkeit**
Lockeres Beisammensein mit der Familie und Freunden ist auch für Kinder angenehm.

## Kinder ist konträr zu

➖ **Ruhe**
Laute Kinder stören die stille Erholung.

➖ **Entdeckerlust**
Kindliche Neugier ist anders geartet, als die Entdeckerlust von Erwachsenen.

➖ **Exklusivität**
In Top-Unterkünften ist die Atmosphäre für Kinder oft zu steif und förmlich.

➖ **Ungebundenheit**
Eigene Wünsche konkurrieren möglicherweise mit den Bedürfnissen der Kinder.

➖ **Schönheit**
Kinder haben noch keinen Blick dafür. Sie wollen sich austoben und etwas erleben.

## Urlaubsempfehlungen

**Einfach zu erreichende Reiseziele mit kurzen An- und Abreisezeiten, hoher Sicherheit, guten sprachlichen Verständigungsmöglichkeiten und mildem Klima**

**Ferienhäuser mit Autoanreise, bei denen Haustiere und die Lieblingsspielsachen mitkommen können**

**Größere Ferienhäuser, die sich hervorragend für den gemeinsamen Urlaub mit befreundeten Familien eignen**

**All-inclusive-Angebote mit Getränken, Eis und Kinderbuffets**

**Hotels direkt am flach abfallenden Sandstrand mit Kinderpool, Wasserrutschen und altersgerechten Spiel- und Sportangeboten für Kids**

**Dasselbe Hotel wie im Vorjahr, wenn es beim letzten Mal ein gelungener Familienurlaub war**

**Eher kurze Ausflüge mit hohem Spaßfaktor, zum Beispiel zu Freizeitparks**

**Kultureinrichtungen und Museen mit speziellen Ausstellungen und Mitmach-Angeboten für Kinder**

**Kreuzfahrten, die auf die Bedürfnisse von Kindern ausgerichtet sind**

In Oklahoma ist während des Autofahrens das Lesen einer Comiczeitschrift verboten.
Aus: Die verrücktesten Gesetze der Welt [12]

# Drei Männer und sechs Kinder im Schnee

## Frank Müller
## Art-Direktor und Show-Regisseur

***Wie ich weiß, verreisen Sie nicht oft?***

Stimmt.

***Fehlt Ihnen da nicht etwas?***

Überhaupt nicht. Ich brauche in meiner Freizeit jetzt keine großen Reisen. Früher bin ich viel verreist, mit dem Fußballverein oder mit Freunden und natürlich mit meiner Familie.

***Was für eine Art Urlaub haben Sie damals gemacht?***

Letztlich alles unter der Überschrift: „Die große, weite Welt kennenlernen!"
Als Jugendlicher fand ich das faszinierend. Ich werde nie vergessen, wie wir zum Beispiel den Highway No. 1 von San Francisco bis Los Angeles mit dem Wohnmobil abgefahren sind. Und weiter über den Grand Canyon nach Las Vegas.

***Und später?***

Als ich meine eigene kleine Familie gegründet hatte, richtete sich der Urlaub ganz klar nach meinem Sohn. Die ersten Jahre haben wir Urlaubsziele ausgesucht, wo der Kleine als Einzelkind Spielkameraden fand. Zum Beispiel im Mini-Club einer Bungalow-Anlage auf Formentera. Ich war als Vater aber auch sehr gern Spielkamerad. Wenn ich zu den Kindern – nicht nur zu meinem eigenen Sohn – in den Pool gestiegen bin, war Party angesagt und keiner ist ertrunken dabei. Sich kindlich zu verhalten, macht mir noch heute Spaß. Alles, was verrückt ist und nicht vernünftig, ist interessant. Für Kinder sowieso und für solche Typen wie mich, auch.

Ein anderes Mal sind wir, mehrere befreundete Familien und deren Kinder, im Konvoi von Berlin nach Saint Tropez und zurück durch die Provence gefahren. Das war für uns alle, die Alten und die Jungen, ein besonderes Erlebnis.

*War das für Sie als Vater dann wirklich Urlaub?*

Ja, weil ich einerseits mit meinem Sohn etwas zusammen erleben konnte und andererseits sowohl die Erwachsenen als auch die Kinder die Möglichkeit hatten, ihr Ding zu machen. Je nach Lust und Laune haben sich kleine Gruppen gebildet, wo eben nicht dieses starre Vater-Mutter-Kind-Muster gelebt werden musste. Da baute dann mal ein Erwachsener mit fünf Kindern ein einmaliges Sand-Kanal-Labyrinth, während die anderen Eltern die Happy Hour am Strand genossen. Oder die eine Gruppe – Eltern und Kinder – machten eine Fahrradtour durch die Berge, während die anderen shoppen waren. Dadurch war das alles sehr entspannt und wirklich stressfrei. Zum Beispiel waren wir drei Familienväter einmal ohne die Mütter mit unseren sechs Kindern im Winterurlaub in Italien.

*Das hört sich aber sehr anstrengend an?*

War es aber gar nicht. Wir hatten uns damals einer noch viel größeren Gruppe angeschlossen: 30 Personen, vier Skilehrer, ein Reisebus. In dem Moment, als sich beim Losfahren in Berlin die Bustür schloss, fing die Erholung wirklich an. Warum? Weil sich die Kinder gesucht und gefunden hatten. Die haben im Bus sofort die letzten Reihen besetzt. Für uns Erwachsene ging es schon entspannt los und den ganzen Urlaub lang so weiter.

### Und wie genau?

Wir waren alle in einer italienischen Bergalm untergebracht. Das einzig Zwingende war, morgens Punkt neun in unseren Bus zu steigen, der uns zum Skilift brachte. Der Rest fand sich. Anfänger zu Anfängern, Fortgeschrittene zu Fortgeschrittenen. Gemeinsames Warmmachen vor dem Skifahren und ab auf die Piste. Abends wurde zusammen gegessen und danach fand sich wieder alles wie von allein. Manche saßen dann gern am Tresen und spielten Karten, übrigens Kinder und Erwachsenen bunt gemischt. Andere waren müde und wollten nur schlafen. Um die lieben Kleinen musste man sich nicht sorgen. Auch nicht wirklich darum, dass nach einigen Tagen im „Kinderzimmer" der Boden mit Klamotten übersät war und keiner mehr wusste, welche Socken zu wem gehörten.

### Klingt nach Chaos!

Ja, kreatives Chaos.

### Inwiefern kreativ?

An mehreren Abenden haben Alt und Jung miteinander Sternzeichen auf riesengroße Papierbögen gemalt und dann an die Decke des Gemeinschaftsraumes geklebt. Warum, wussten wir zu dem Zeitpunkt noch gar nicht. Als wir ein paar Tage später alle zusammen zu einer Nachtwanderung mit Taschenlampen aufbrachen und auf dem Berg diesen beeindruckenden Sternenhimmel bestaunten, wie er in der Stadt nie zu sehen ist, erschloss sich für jeden von uns erst dieses Universum. An jedem weiteren Tag im Urlaub erinnerte uns der Blick an die Decke im Haus an diese unvergessliche Nacht. Und ich habe das noch heute vor Augen.

# Sparsam urlauben

**Wo bekommt man etwas noch günstiger? Wie kann man noch mehr sparen? Im Zeitalter der Schnäppchenkultur hat der Preisvorteil bei den 12 Urlaubsmotiven eine Sonderstellung.**

Das Preisbewusstsein spielt hauptsächlich vor Urlaubsantritt eine Rolle. Konnte zu den bestmöglichen Konditionen gebucht werden, hat sich das Motiv bei vielen schon weitgehend erledigt. Bei einigen Schnäppchenjägern ist allerdings der **Preisvorteil** auch noch im Urlaub wichtig. Sie haben fern der Heimat ebenso Spaß am Verhandeln: auf Märkten, Basaren, bei Werksverkäufen oder in Outlet Stores. Das ist eine Vorliebe, die bei der Wahl des Reiseziels durchaus eine Rolle spielen kann.

Die Freude am Sparen ist unabhängig von Alter und Geldbeutel, allerdings nicht ganz unabhängig vom Geschlecht. Urlaubsschnäppchenjäger sind häufig Männer. Dabei ist der Wunsch nach besten Konditionen nicht der Notwendigkeit geschuldet, haushalten zu müssen, sondern eine Frage des Gewinnens. Ob man tatsächlich gewonnen hat, entscheidet nicht die ausgegebene Summe, sondern der Unterschied zwischen Aktions- und Normalpreis des Urlaubsangebots.

**Mögen Sie „Shopseeing"?**

„Shopseeing" ist eine Wortschöpfung aus Shopping und Sightseeing und meint das Bummeln durch die Stadtzentren schöner Orte, verbunden mit der Lust am Einkaufen. Vorzugsweise Frauen lieben das im Urlaub. Ihnen macht es Spaß, sich treiben zu lassen, Menschenströmen zu folgen, Schaufenster zu betrachten – ohne festes Ziel, offen für Eindrücke aller Art. Die eine treibt die Neugier, andere der Spaß am Schnäppchen machen.

Wer gern günstig Urlaub macht, kann trotzdem viel Geld ausgeben. Für viele **Preisvorteil**-Urlauber geht es nicht unbedingt darum, alles möglichst billig zu ergattern. Ihr Ziel ist es vielmehr, für das investierte Geld eine möglichst große Gegenleistung zu bekommen. Der preisbewusste Urlauber bucht durchaus ein Fünf-Sterne-Hotel an der Champs-Élysées, wenn er es zum Preis einer Drei-Sterne-Unterkunft in Wanne-Eickel bekommt.

**Preisvorteil** ist durch ständige Sonderpreisaktionen ein Motiv mit steigender Tendenz, Suchmaschinen im Internet verstärken dies noch. Kaum hat man auf die Fragen geantwortet: Wohin? Wann? Welche Kategorie? – schon spuckt das Netz Hunderte von Angeboten aus, sortiert nach dem Preis. Nicht selten fühlt sich der Nutzer am heimischen Computer von der Masse blauer Hotelpools auf dem Bildschirm förmlich erschlagen und ist so schlau wie zuvor. Traum:Urlaub ist keine Ware „von der Stange". Internetsuchmaschinen können (noch) keine Motivforschung betreiben. Reisebüros oder spezialisierte Reiseveranstalter mit qualifiziertem Personal schon. Den Reiseexperten gelingt es, die oft quantitativen Selektionskriterien von Suchmaschinen individuell auf die Urlaubswünsche anzupassen. So kann der Urlaub auf die ganz persönlichen Motive hin maßgeschneidert werden.

> *Reich wird man nicht durch das, was man verdient, sondern durch das, was man nicht ausgibt.*
>
> *Henry Ford,*
> *Großindustrieller*

Wann ist preiswert gut, wann ist teuer gut? Die Jeans lieber „No name" beim Discounter kaufen – bei der Blumenvase muss es aber ein Designerstück sein? Die Frage, was uns unser Geld wert ist, entscheiden wir einerseits rational und andererseits emotional. Je rationaler der Käufer eine Jeans betrachtet – sie muss vor allem passen – desto weniger Geld wird er dafür bezahlen wollen. Je emotionaler die Sache für ihn ist – Lebensgefühl, Image, Statussymbol – umso mehr Geld wird er in die Hand nehmen. Das ist in der Touristikbranche nicht anders. „Billig" ist die Stärke der Reiseportale im Internet. „Kompetent und emotional" sind Qualitätsmerkmale einer persönlichen Beratung für hochwertiges Reisen.

Ob der Urlaub neben preiswert auch schön wird, hängt darüber hinaus von möglichen anderen persönlichen Urlaubsmotiven ab. Gerade hier ist es besonders wichtig, die Motive zu erforschen, die zusätzlich für die Urlaubswahl eine Rolle spielen. Sonst könnte es passieren, dass sich der preisbewusste Genießer zwei Wochen lang damit trösten muss, dass das miserable Essen in seiner Bettenburg zumindest billig war. Als auch Genuss-Urlauber wird er das Drei-Sterne-all-inclusive-Schnäppchen aber von vornherein streichen. Er hätte zwar einen Superpreis, aber kein Steak vom irischen Weidebullen und der Wein ist bestenfalls für intensive Kopfschmerzen geeignet. Dieses Risiko will der Genießer im **Preisvorteil**-Urlauber dann doch lieber nicht eingehen.

Der preisbewusst Reisende beurteilt sich selbst als guten Verhandler, clever und sparsam. Reisende, die sich im Urlaub gern etwas gönnen, belegt er schnell mit dem Vorurteil, verschwenderisch mit ihrem Geld umzugehen.

Nicht-Preisbewusste wertschätzen es, bewusst genießen zu können. Sie empfinden sich als lebensfroh und gute Laune verbreitend. **Preisvorteil**-Reisende sind für sie spießige Pfennigfuchser, die sich nichts gönnen.

**Preisvorteil harmoniert mit**

➕ **Kinder**

All-inclusive-Urlaube oder Länder mit niedrigen Nebenkosten entlasten das Familienbudget.

**Preisvorteil ist konträr zu**

➖ **Sicherheit**

Touristikmarken sind meist teurer als vergleichbare No-Name-Produkte.

➖ **Umweltbewusstsein**

Umweltbewusstsein hat beim Schnäppchenurlaub kaum Platz.

➖ **Exklusivität**

Das Außergewöhnliche ist nicht ohne Preisaufschläge zu haben.

➖ **Schönheit**

Besonderes Ambiente ist bei Sonderangeboten selten zu finden.

## Urlaubsempfehlungen

**Reiseziele, wo man gut shoppen kann, am besten in Kombination mit günstigen Wechselkursen**

**Frühbucherangebote, die vor allem zu Ferienzeiten oft preiswerter sind als Last-Minute-Angebote**

**Sonderangebote, wie keinen Einzelzimmerzuschlag, 7 Nächte bleiben und nur 5 Nächte zahlen, Nebensaisonabschläge, Vollpension statt Halbpension**

**Auch die anderen Urlaubsmotive berücksichtigen, selbst wenn die Buchungsentscheidung wegen des Sparvorteils fällt**

**All-inclusive-Angebote, die die Risiken, durch überhöhte Nebenkosten vor Ort preislich benachteiligt zu werden, reduzieren**

**Rabatte beim Ausflugsprogramm**

**Attraktive Getränkepauschalen**

 Ehefrauen, die ihren Mann erschießen, haben nach einer Entscheidung des amerikanischen Bundessozialgesetzbuches keinen Anspruch auf Witwenrente.
Aus: Die verrücktesten Gesetze der Welt [13]

# Nur weit weg

## Dr. Stefan Haupt
## Rechtsanwalt

*Sind Sie ein Urlaubsmensch?*

Nicht wirklich, sonst hätte ich meine Ferien in den letzten Jahren besser geplant. Aber natürlich freue ich mich auf die Urlaube, weil das immer Erholung vom Alltag ist.

*Welcherart Urlaub reizt Sie?*

Meine Urlaubsmotive haben sich im Laufe der vergangenen dreißig Jahre geändert. Früher wollte ich im Urlaub immer was erleben. Ich bin mit dem Zug bis Budapest oder Sofia gefahren und dann durchs Land getrampt. Nachdem die Mauer gefallen war, haben wir die Teile der Welt bereist, die wir mit dem Flugzeug preiswert erreichen konnten. Wir waren in Hongkong, China, Japan, Südafrika und in der Karibik. Nur weit weg! Wir sind innerhalb von vier Jahren in 20 Länder gereist. So viel wie möglich von der Welt zu sehen, war ein ganz großer Traum. Den habe ich mir erfüllt.

*Erinnern Sie sich an ein besonderes Erlebnis aus dieser Zeit?*

1991 war ich in Paris und besuchte zum 20. Todestag von Jim Morrison sein Grab. Was da passierte, werde ich wohl nie vergessen. Nachdem Betrunkene leere Bier- und Schnapsflaschen gegen die Friedhofsmauer und das geschlossene Tor warfen, rückte die Pariser Polizei mit Schlagstöcken, Helmen und Schutzschildern an und es kam zu einer regelrechten Straßenschlacht. Dazu trug sicher auch bei, dass einer der anwesenden Doors-Fans den Bühnenauftritt von Jim Morrison vom 1. März 1969 nachspielte und seinen Penis entblößte. Wir konnten dem Ganzen entkommen, mussten aber mit ansehen, wie einer unserer Freunde ins Krankenhaus transportiert wurde. Das führte mir ein für alle mal vor Augen, dass ein Urlaub nur dann gelungen ist, wenn man gesund wieder zu Hause ankommt.

**_Nach welchen Prämissen haben Sie Ihre Urlaube geplant?_**

Pragmatisch und sparsam. Wir hatten immer tolle Erlebnisse, es war aber auch eine anstrengende Hetzerei durch die Länder. Heute lege ich mehr Wert darauf, mich tatsächlich zu erholen. Deshalb mache ich seit zehn Jahren Ayurveda-Kuren in Indien, jeweils für zwei bis drei Wochen.

**_Davor gab es aber auch noch andere „aufregende" Urlaube…_**

Ja, ich wollte mal testen, wie stark ich physisch und vor allem psychisch bin. Ich wollte wissen, ob ich es schaffe, den Kilimandscharo – knapp 6.000 Meter hoch – zu erklimmen. Jeder, der einen solchen Berg besteigt, muss damit rechnen, dass sein Körper die dünne Luft nicht verträgt. Zwei Tage, bevor ich auf dem Kili war, ist ein 28-Jähriger oben tot umgefallen. Das geht relativ schnell. Ab 4.000 Meter Höhe fliegt kein Hubschrauber mehr, da kann man sich nur selbst helfen und absteigen. Wenn man jedoch den kritischen Punkt überschreitet, bekommt das Gehirn keinen Sauerstoff mehr und dann ist es vorbei. Mit einer Gruppe, die die Tour schon mal gemacht hatte, war ich acht Tage unterwegs. Mehrere Tage lang hieß es Aufsteigen. In der sechsten Nacht haben wir oben im Krater auf 5.700 Meter Höhe geschlafen. Am siebten Tag gingen wir nur noch die 200 Höhenmeter auf den Kraterrand und sind dann wieder auf 3.000 Meter abgestiegen.

**_Warum macht ein Mensch so was?_**

Das ist Abenteuerlust und Neugier, ob man es schafft. Wenn man es dann geschafft hat, kann man sich gar nicht wirklich freuen. Es ist einfach zu anstrengend. Letztlich ist der Weg zum Gipfel das Spannende an der Geschichte. Und sehr interessant war das Kennenlernen innerhalb unserer Reisegruppe am Berg. Es hat zwei, drei Tage gedauert, dann waren wir zusammengeschweißt. Alle haben es geschafft. Es kommt auf die psychische Kraft eines Jeden und auf die Kraft der Gruppe an.

### Werden die Ayurveda-Kuren jetzt dagegen nicht langweilig auf die Dauer?

Ganz und gar nicht. Auch da ist irgendwie immer was los. Einmal wollte ich an den Strand gehen und dort die Seele baumeln lassen. Die Ferienanlage befand sich auf einer Insel und mit einem Hotelboot waren es 100 Meter über den Fluss zum Strand. Um dorthin zu gelangen, musste man eine treppenartige Furt überqueren. Weit vor mir sah ich Hunde und sofort stieg Angst in mir auf. Ich fragte mich, ob sie das riechen würden. Kaum war mir dieser Gedanke durch den Kopf geschossen, rannten fünf Hunde hinter mir her. Und es dauerte natürlich nicht lange, bis sie mich erreicht hatten. Ich stand – komplett außer Atem – mit dem Rücken zum Meer. Die Hunde bauten sich furchterregend im Halbkreis vor mir auf. Mit meiner Hose, die mir meine Freundin gerade genäht hatte, versuchte ich, sie zu verscheuchen. Das machte die Bestien aber noch wilder und sie zerrten an der Hose. Während ich nun nicht mehr nur um mein Leben, sondern auch um die Hose bangte, bemerkte ich, wie einer der Hunde versuchte, sich an meiner rechten Wade festzubeißen. Ich bin dann schnell knietief ins Wasser rein und die Hunde ließen schließlich von mir ab.

# Ohne Bewegung geht gar nichts

**Der Urlaub ist die beste Zeit, um das persönliche Wohlbefinden zu steigern. Für immer mehr Menschen ist dies untrennbar mit körperlicher Aktivität verbunden.**

Viele Urlauber brauchen sportliche Bewegung. Sie wählen dafür zielsicher die Sportart, die ihnen richtig Spaß macht. Das Kriterium „gesund" kann, muss dabei aber nicht entscheidend sein. Oft gilt: am besten im Freien. Ist ausreichende Bewegung im Urlaub nicht möglich, stellt sich bei **Sport**-Reisenden leicht Stress ein. Sportmangel kann dann sogar die Ursache für Urlaubsstress sein. Wenn **Sport** ihr leitendes Urlaubsmotiv ist, werden diese bitter enttäuscht abreisen und nie mehr wiederkehren.

**Sport**-Urlauber betreiben ihren Sport nicht nebenbei. Nicht, um andere kennen zu lernen und auch nicht, um mehr Kalorien zu verbrennen, damit sie abends am Buffet ausgiebiger zulangen können. Die Hotelanlage kann noch so schön sein, das Wetter bestens und das Essen unbeschreiblich, wenn es nicht genügend Leih-Katamarane zum Segeln gibt, ist der Urlaub für den überzeugten Sportsegler nicht mehr zu retten. Wer **Sport** zu seinen Urlaubsmotiven zählt und Ski fahren möchte, interessiert sich eben mehr für Zustand, Länge und Schwierigkeitsgrad der Pisten vor dem Hotel als für die Ausstattung seines Zimmers.

Für **Sport**-Urlauber ist wichtig, dass es genügend steile Pässe gibt, die sich auch mit dem Rad erklimmen lassen, dass der Wind im Surfparadies verlässlich tost und die Wellen branden. Der Tennisfreak freut sich seit Wochen auf das Trainingscamp mit einem früheren Tennisprofi. Erwischen Sport-Urlauber (mehr oder weniger zufällig) den Weltmeister ihrer Sportart beim Training, lassen sie jeden Urlaubsflirt sausen.

Auch der Service muss für Sportfans bis ins Detail stimmen: Hat der Tennisplatz kein Flutlicht, sind nicht genügend Trainerangebote vorhanden oder gibt es keine Möglichkeiten, Spielzeiten vorher zu reservieren, verliert das Angebot für den **Sport**-Urlauber deutlich an Reiz. Ist im Katalog Badminton ausgeschrieben und man steht am Urlaubsort vor einem hängemattenähnlichen Netz auf einer holprigen Wiese ohne Windschutz, ist die Enttäuschung groß. Ein „No-Go" sind auch alte Fitnessgeräte in einem schlecht belüfteten Keller des Hotels. Das mag den normalen Urlauber, wenn ihn wegen der üppigen Nutzung des All-inclusive-Buffets das schlechte Gewissen packt, nicht stören. Für echte Sportbegeisterte sind solche Zustände eine Enttäuschung.

Wünscht der **Sport**-Urlauber eine spezielle Ausrüstung oder Sportanlage, sollte das vorab organisiert werden. Stellt man erst vor Ort fest, dass drei Sportvereine zeitgleich dort ihr Trainingslager veranstalten, wird es nicht nur mit den Mountainbikes, sondern auch den Zeiten auf dem Fußballplatz knapp. Und: Zur perfekten Trainingsreise gehören auch ein paar Events abseits des Sports. Das sorgt für guten Zusammenhalt in der Gruppe und beugt dem Lagerkoller vor.

Die Küche des Hotels sollte auf die Anforderungen von **Sport**-Urlaubern ausgerichtet sein. Extremsportler bevorzugen viel Eiweiß und Kohlenhydrate, Bewegungsorientierte eher leicht verdauliches Essen. Wichtig ist, dass Proviantpakete nicht nur einen Müsliriegel enthalten. Viele Sportler wollen ihr Trainingspensum nicht auf die Mahlzeiten im Hotel abstimmen müssen. Schlecht-Wetter-Alternativen wie Indoor-Tischtennis, Sauna, Schwimmen und Massage im Wellnessbereich sind weitere Pluspunkte bei der Hotelwahl.

Aber nicht nur überzeugte Sportfans buchen **Sport**-Urlaube. Auch das ältere Paar, das gern ganztags durch Wald oder Stadt spazieren geht, kann **Sport** als Urlaubsmotiv haben.

*Noch nie habe ich das Leben so intensiv erfahren, wie an zwei Fingerspitzen frei über dem Abgrund hängend.*

*Wolfgang Güllich,*
*Freikletterer*

Die Bewegung ist das Ziel. Bewusst meiden die Beiden das Auto oder öffentliche Verkehrsmittel. Sie gestalten ihren Urlaub aktiv.

**Sport als „Hin zu"- oder „Weg von"- Motiv**

Wenn Sie denken: „Eigentlich müsste ich mehr Sport treiben.", dann ist das eher ein "weg von" fehlender Bewegung. Der Sport ist nicht das Ziel Ihrer Wünsche, sondern lediglich Mittel zum Zweck. Hier ist Ihre Motivation wahrscheinlich, abzunehmen oder Ihre Fitness und Gesundheit zu verbessern. Dieses „Weg von"- Motiv wird kaum stark genug sein, um einen ganzen Urlaub lang mit Spaß viel Sport zu treiben.

Sind Sie dagegen leidenschaftlicher Golfspieler und fahren ins Golfhotel, dann ist die Sportart das Ziel Ihrer Wünsche. Dass Sie sich dabei auch bewegen und so etwas für die Gesundheit tun, ist nebensächlich. In diesem Fall ist die Sportleidenschaft ein „Hin zu"- Motiv.

Urlauber, bei denen das Motiv **Sport** höchste Priorität hat, betrachten sich als energiegeladen, athletisch und fit. „No Sports-Touristen" sind aus ihrer Sicht müde und schwerfällige Sofahocker.

Diese hingegen empfinden sich selbst als entspannt, ruhig und ungezwungen. „**Sport**freaks" sind für sie anstrengend, einseitig und körperfixiert.

## Sport harmoniert mit

➕ **Umweltbewusstsein**
Wenn naturverbundene Sportarten, wie Wandern oder Radfahren, bevorzugt werden.

➕ **Kinder**
Die Kleinen können sich bei Sport und Spiel richtig austoben.

➕ **Geselligkeit**
Die gemeinsamen sportlichen Interessen verbinden.

➕ **Ungebundenheit**
Viele Sportler lieben es, den ganzen Tag selbstbestimmt ihrer Lieblingssportart nachzugehen.

➕ **Schönheit**
In wundervoller Umgebung macht Bewegung besonders viel Spaß.


## Sport ist konträr zu

➖ **Ruhe**
Zu viel Bewegung (zer)stört jede Ruhe.

➖ **Sicherheit**
Intensiver Sport birgt die Gefahr von Verletzungen.

➖ **Genuss**
Große körperliche Anstrengungen lassen sich nur schwer mit opulenten kulinarischen Wünschen vereinbaren.

## Urlaubsempfehlungen

**Aktivurlaub, der viel Bewegung ermöglicht, zum Beispiel Wandern und Trekking**

**Orte mit passendem Wetter für Outdoor-Sport, sonst gegebenenfalls Indoor-Alternativen**

**Sportartspezifische Reiseangebote, zum Beispiel Golf-, Reit- oder Fahrradreisen und Wasser- und Wintersportreisen**

**Hotels mit modernen, klimatisierten Fitnessräumen und Pools, in denen man richtig schwimmen kann**

**Hotels, die wirklich auf Sportler eingestellt sind; zum Beispiel mit sportgerechter Ernährung und ausreichend Platz im Zimmer zum Lüften von Sportsachen**

**Hotels, die Turniere veranstalten und Sportpartner vermitteln sowie Sportplätze, Equipment und Abschlagszeiten reservieren**

**Cluburlaub mit vielfältigem Sportangebot und Schnupperkursen für Trendsportarten**

**Aktionswochen mit Topsportlern als Trainer für den Lieblingssport**

**Reisen mit dem Sportverein, zum Beispiel in das Fußball- oder Tenniscamp**

 In Kanada kann ein Restaurant- oder Hotelbesitzer inhaftiert werden, wenn er keine Unterkünfte für berittene Gäste vorweisen kann.
Aus: Die verrücktesten Gesetze der Welt [14]

# Das Fahrrad muss mit

## Udo Beyer
## Olympiasieger im Kugelstoßen

**Sie haben inzwischen ein Reisebüro. Macht der Reiseverkehrskaufmann selbst gern Urlaub?**

Ich reise gern, habe aber eine Frau, die nicht gern fliegt. Da es wichtig ist, dass beide etwas vom Urlaub haben, werden die meisten Urlaubsorte also mit dem Auto angesteuert. Bis 2.000 Kilometer funktioniert das bestens. Da kommt man in Europa schon ganz schön rum.

**Welcherart Reisen bevorzugen Sie?**

Seit zehn Jahren gehört das Fahrrad unbedingt dazu. Wir fahren zwischen 600 und 1.000 Kilometer in unseren zwei Wochen Urlaub. Meine Frau hat mich dazu gebracht, dass da ohne Bewegung nichts mehr geht. Bis dahin hatte ich mir nicht vorstellen können, dass man mit so einem Ding mehr als 20 Kilometer fahren kann. Und jetzt macht es mir richtig Spaß. Ohne das Fahrrad hätte ich viele Stellen gar nicht kennengelernt. Zum Beispiel auf der Insel Hvar in Kroatien. Eine wunderschöne Insel, zu deren kleinen Buchten man mit dem Auto gar nicht kommt. Wenn wir die Fahrräder hier in Potsdam auf dem Auto festmachen, beginnt der Urlaub schon, weil ich mich riesig auf die Zeit dort freue.

### Wenn es nicht nach Kroatien geht, wohin dann?

Angefangen hat es mit der Insel Elba. Dort habe ich auch mit dem Fahrradfahren begonnen. Ich hätte nie gedacht, dass die Insel so bergig ist. Meine Frau ist ohne Probleme die Berge hoch gefahren; ich musste mit meinen 140 Kilo ab und an mal Pause machen. Irgendwann mal kam eine ältere Frau – bestimmt fast 70 – vorbei und sagte: „Jungchen, so habe ich auch mal angefangen." Das regelmäßige Fahrradfahren hilft mir, relativ fit zu bleiben. Nach so einer Sommersaison fühle ich mich dann immer wieder ziemlich jung. Die Berge sind das i-Tüpfelchen. Wenn man die geschafft hat, ist man stolz. Danach gibt es dann auch ein Bier.

### Und ansonsten?

Die Toskana. Dort ist es relativ flach. Da kann man Kilometer schrubben. Oder die Ostsee. Allerdings staunt man, was es auf Rügen und Usedom für Berge gibt. Die Landschaft ist ein Traum: Blühende Rapsfelder im Mai und Juni… Entspannung pur. Wenn wir länger als drei Tage unterwegs sind, muss das Fahrrad mit.

### Und ist auf den Fahrradtouren dann auch mal faulenzen am Strand angesagt?

Ich bin ein Typ, der nicht immer die sportliche Anstrengung braucht. Ich kann mich auch mal an den Strand setzen, aufs Wasser schauen und einfach nichts machen. Man sollte sich nicht unter Druck setzen. Der Wechsel zwischen An- und Entspannung macht ja den Trainings- und Urlaubseffekt aus.

### So wie Sie schwärmen, könnte man den Eindruck bekommen, Sie verkaufen als Reisebüro-Inhaber vor allem Fahrradtouren!?

Nein. Es sollte jeder den Urlaub machen, den er für sich für richtig hält.

### Wie kriegen Sie raus, was einer wirklich will?

Ich unterhalte mich ausgiebig mit den Kunden. Die meisten kenne ich auch schon lange und mache dann Vorschläge. Wenn ein agiler Mensch behauptet, er braucht im Urlaub vor allem Ruhe, dann glaube ich das nicht.

### Fahren Sie auch mal nach Venedig oder in andere Weltstädte?

Ja, wir waren gerade in Wrocław. Meine Mutter kommt von dort. Oder Prag oder Dresden. Da können drei Tage richtig erholsam sein und viel Spaß machen.

### Haben Sie ein persönliches Reiseerlebnis, das Sie nie vergessen werden?

Als ich das erste Mal nach Kroatien gefahren bin, wollten wir die Fähre von Rijeka nach Split nehmen. Als wir da ankamen, rannten die alle aufs Schiff und ich fragte mich, warum? Später sah ich, dass sie in die Gasträume beziehungsweise Restaurants gestürmt waren, um Liegen und Sitzflächen zu reservieren. Ich habe dann zwölf Stunden auf einem Stuhl verbracht und wusste nun, warum die alle so gerannt waren.

### Und als Reiseverkäufer?

Ein Kunde, den seine Frau zum Fliegen überredet hatte, rief mich an seinem Abreisetag an. Ich war verwundert und fragte ihn: „Wo bist du denn jetzt? Du sitzt doch seit zwei Stunden im Flugzeug." Aus Angst vor dem Fliegen hatte er das Ganze so verdrängt, dass er den Urlaub verpasst hat. Fast, denn wir haben das dann noch hingekriegt.

### Wenn Sie dann doch mal ohne Fahrrad und mit dem Flieger einen Urlaub planten, was wäre Ihr Traumurlaub?

Mehr als einen Tag in der Wüste verbringen.

# Urlaub – niemals allein

**Das Miteinander und der Austausch sind in den schönsten Wochen des Jahres für viele besonders wichtig. Die Kontaktfreudigkeit des Geselligkeits-Urlaubers kann sich allerdings sehr unterschiedlich äußern.**

Ein einsames Haus an einem idyllischen See, mitten in den Wäldern Finnlands? Was dem Ruhe Suchenden ein Lächeln ins Gesicht zaubert, treibt dem **Geselligkeits**-Urlauber den Angstschweiß auf die Stirn. Angst vor Einsamkeit und Langeweile. Das Wohin der Reise ist dabei ebenso wenig entscheidend wie die Frage, welche Sehenswürdigkeiten das Urlaubsziel bietet. Das Motiv für die Reise ist vielmehr, gemeinsam mit der Familie, mit Freunden oder einfach Gleichgesinnten Zeit zu verbringen.

Die Mutter, die Reisekataloge wälzt, sucht dabei vor allem nach Zielen, die ihren Mann und die beiden Söhne zufriedenstellen. Dass sie selbst wenig von den Riesenrutschen hat, ist ihr nicht so wichtig. Sie ist glücklich, wenn ihre Familie glücklich ist.

Der Party-Reisende will zusammen mit Freunden Spaß haben, extensiv feiern und dabei neue Leute treffen. Um diese Bedürfnisse zu befriedigen, braucht er einen belebten Strand und ein rauschendes Nachtleben. Ob die Partymeile dann letztlich in El Arenal auf Mallorca oder in Ibiza-Stadt liegt, ist nebensächlich. Entscheidend ist, ob die richtigen Freunde mit von der Partie sind und die „Vibes" stimmen.

Eine andere Form von **Geselligkeit** im Urlaub entspringt dem Wunsch, so viel und intensiv wie möglich Zeit mit einem Einzelnen zu verbringen. Das trifft in aller Regel auf ein frisch verliebtes Paar zu. Wenn die Beiden zum ersten Mal gemeinsam auf Reisen gehen, tritt alles zurück, was einem im Urlaub ansonsten am Herzen liegt. In diesem Fall von Geselligkeit verbietet sich der „Ballermann" als Reiseziel. Der Urlaubsort sollte vor allem die romantische

Zweisamkeit fördern. Eine idyllische Landschaft ist also eher angesagt als überschäumendes Nachtleben. Romantik-Angebote vieler Hotels sind für Frischverliebte eine gute Wahl. Allerdings ist, bei aller Verliebtheit, ein wenig Realitätssinn wohl hilfreich. Meist kommen spätestens nach einer Woche auch andere Urlaubsmotive wieder ins Bewusstsein. Und oft ist der erste gemeinsame Urlaub eine echte Bewährungsprobe für die junge Beziehung.

Übrigens: Die Entscheidung, sich zu trennen, fällt in einem Drittel aller Ehen nach einem gemeinsamen Urlaub. Bei wie vielen Beziehungen nach dem ersten Urlaub gar nicht erst die Gefahr besteht, einmal eine Ehe zu werden, ist unbekannt. Die Zahl sollte allerdings nicht unterschätzt werden.

Auch Alleinreisende können das Urlaubsmotiv **Geselligkeit** haben. Wer solo in den Flieger steigt, hat oft den Antrieb, im Urlaub andere Menschen kennenzulernen und neue Freunde zu finden. Wichtig für den Single-Urlaub ist die Wahl der Unterkunft. Gibt es keine geeigneten Angebote zum Kennenlernen, kann eine Reise allein ziemlich einsam werden. Bieten Hotels, Clubs oder Resorts zum Beispiel große Tische für Alleinreisende an, kommt man beim Essen erfahrungsgemäß schnell und ungezwungen ins Gespräch. Auch gemeinsame Sportaktivitäten erleichtern es, Anschluss zu finden. Das gilt ebenso für Veranstaltungen innerhalb des Hotels oder das Ausflugsprogramm. Bei einer Rundreise ermöglichen Events einfach das Kennenlernen. Ein Lagerfeuer mit Gitarrenmusik mag manchem abgeschmackt vorkommen, es erfüllt aber seinen Zweck.

*Im Grunde sind es doch die Verbindungen mit Menschen, die dem Leben seinen Wert geben.*

Wilhelm von Humboldt

Jeder auf solche Weise im Urlaub **Gesellig-keit** Suchende muss sich allerdings im Klaren darüber sein, wie weit es bei ihm mit der Geselligkeit her ist. Der Campingurlaub im Wohnwagen mit der Familie ist harmlos im Vergleich zum Angebot einer Firma für Abenteuerreisen im Bus für rund 30 Personen. Die Teilnehmer übernachten in minimalen Schlafkojen auf engstem Raum in einem Anhänger. Das ist nur etwas für ausgesprochen Gesellige. Rückzugsmöglichkeiten bieten sich kaum.

Exklusiver Service für VIP's ist dem Geselligen fremd. Wenn Einzelne herausgelöst werden aus einer Gemeinschaft, stört das den Kontakt von gleich zu gleich. Zumal es auf der Rundreise oder am Urlaubsort eher locker und leger zugehen soll. Allzu strenge Etikette verhindert den ungezwungenen Austausch miteinander.

Urlauber mit dem Motiv **Geselligkeit** finden sich selbst aufgeschlossen, unterhaltsam und verbreiten viel Spaß und gute Laune. Seinen „Gegenpart" hält der Gesellige für steif, unglücklich und einsam.

Diese Einschätzung teilt der Reisende, bei dem das Motiv **Geselligkeit** schwach oder gar nicht ausgeprägt ist, keineswegs. Er beurteilt sich selbst als seriös, ernsthaft und tiefgründig. Geselligkeitsmotivierte Urlauber nimmt er als laut, aufdringlich und oberflächlich wahr. Deren gute Laune empfindet er oft als künstlich und aufgesetzt.

**Geselligkeit harmoniert mit**

➕ **Kinder**
Strahlende Augen und das Lachen der Kleinen sind in größeren Kreisen noch intensiver erlebbar.

➕ **Sport**
Bewegung bietet viele Spielarten, etwas gemeinsam zu tun.

➕ **Entdeckerlust**
Fremdes zu erkunden macht mit Gleichgesinnten besonders viel Spaß.

➕ **Genuss**
Sinnesfreuden lassen sich am besten mit den Lieben zusammen auskosten.

**Geselligkeit ist konträr zu**

➖ **Ruhe**
Erholung durch ein ganz für sich Sein schließt Kontaktfreudigkeit aus.

➖ **Exklusivität**
Die Bevorzugung von VIP-Gästen stört das unterhaltsame Miteinander.

➖ **Ungebundenheit**
Spontan und allein losziehen funktioniert nicht, wenn die Wünsche der Mitreisenden im Vordergrund stehen.

## Urlaubsempfehlungen

**Cluburlaube und Kreuzfahrten mit jungen Gästen und legerem Charakter**

**Hotels mit lockerer Animation und Entertainment**

**Lebendige Urlaubsorte mit Bars, Plazas, Cafés, Diskos**

**Gruppenreisen, die viele Kommunikationsmöglichkeiten bieten**

**Städte mit hohem „Spaß- und Flirtfaktor", zum Beispiel Paris, Barcelona oder Las Vegas**

**Vielfältige Funsport-Angebote und Freizeitparks**

**Hochzeits- und Romantikreisen als Highlight für die Zeit zu zweit**

 In Detroit, Michigan, ist es Männern gesetzlich verboten, ihre Ehefrauen an Sonntagen böse anzuschauen.
Aus: Die verrücktesten Gesetze der Welt [15]

# Schneekugeln mit Ahornsirup

## Anna Maria Kaufmann
## Sängerin

**Als Star-Sopranistin sind Sie beruflich viel unterwegs. Verreisen Sie auch privat gern?**

Ja, als Kanadierin, die schon seit 1984 von dort weg ist, zieht es mich im Urlaub immer wieder nach Kanada. Es ist immerhin das zweitgrößte Land der Welt, mit sechs Zeitzonen und sehr verschiedenen Kulturen. Ein Bryan Adams kommt von dort, K.D. Lang, Nickelback oder der großartige Cirque du Soleil. Und Alanis Morissette, um nur einige Namen zu nennen. Eine Stadt wie Toronto bietet – nach New York und London – die meisten Musicalaufführungen weltweit. Auch das Filmfestival dort ist mittlerweile eines der wichtigsten der Welt.

**Sie verbringen also wegen der Kultur und Kunst Ihren Urlaub in Kanada?**

Ich liebe auch die Natur sehr. Besonders gern fahre ich nach Vancouver Island. Auf dieser Insel gibt es so unendlich viel Interessantes zu entdecken. Im Wild Pacific Trail zum Beispiel oder im Pacific Rim National Park – rau, aber wunderschön.

**Erinnern Sie sich an ein besonderes Erlebnis?**

Ja, Whale Watching. Mit einer Gruppe von Freunden haben wir Orca-Wale beobachtet. Riesige Tiere, die hoch in die Luft springen. Und später haben wir uns das Ganze von oben angeschaut. Nachdem wir mit einem Wasserflugzeug eine Weile unterwegs waren, landeten wir an einer Stelle, wo man sonst nicht hinkommt. Dort haben wir einen „urigen" Menschen kennengelernt. Er hat uns in seine ganz einfache Hütte zu Wein, Brot und Käse eingeladen. Wir saßen da lange zusammen und haben das Beisammensein genossen. Urgemütlich. Bis, gar nicht weit entfernt, ein Schwarzbär auftauchte. Das war aufregend.

### Was ist für Sie im Urlaub nicht wegzudenken?

Ich brauche gute Freunde um mich herum, um die Urlaubstage so richtig zu genießen und mich wohl zu fühlen. Ich habe überall Bekannte und Verwandte, die ich dann besuche. Oder ich lasse mich in Hotels verwöhnen. Auf Vancouer Island gibt es einige der besten Resorts in ganz Kanada, so zum Beispiel das Wickaninnish Inn direkt am Long Beach, einem der schönsten Strände in Nordamerika. Von Tofino aus, wo die Surf-Freaks zu Hause sind, kann man Boots-ausflüge auf unbewohnte Inseln mit Regenwäldern machen. Herrlich!

### Sie lieben auch den Nervenkitzel?

Ja, Kanu fahren auf dem Fraser River zum Beispiel. Da ist man auf dem sehr schnellen Fluss fünf Stunden unterwegs, ohne einen Menschen zu sehen. Auf eine solche Kanu-Wildwasser-Fahrt habe ich einmal einen Freund mitgenommen. Er ist Komponist und Dirigent und hatte fürchterliche Angst vor dem Wasser. Und was ist passiert? Sein Kanu ist gekentert. Das hat mich abgeturnt und war das „Ende vom Anfang"…

### Ist es im Winter für Sie auch reizvoll, in Kanada Urlaub zu machen?

Ja, ich fahre Ski in den Rocky Mountains bei meist idealen Schneebedingungen. Das kann ich gut, weil ich damit aufgewachsen bin. Auch dort gibt es super Hotels und die Leute sind so freundlich. Da hatte ich ja 2010 auch die Ehre, die olympische Fackel durch Calgary zu tragen, bevor sie dann wenige Wochen später in Vancouver zum Beginn der Winterspiele entzündet wurde. Ein einmaliges Gänsehaut-Erlebnis, das ich nie vergessen werde! Aber auch in Quebec kann man gut Skifahren. In jedem Winter veranstalten die einen Schnee-Skulpturen-Wettbewerb, wo es dann auch Schneekugeln mit Ahornsirup zu essen gibt. Lecker!

**Wenn Sie nicht nach Kanada fahren, wohin geht es dann?**

Öfter fahre ich auch nach Frankreich. Zum Beispiel nach Deauville. Dort ist es wie im Film. Man sitzt an einem wunderbar gedeckten Tisch direkt am Strand…

**Was ist Ihr Traumurlaub?**

Es klingt kitschig, aber ich will unbedingt einmal nach Hawaii fliegen.

**Warum?**

Weil es so schön sein soll und so romantisch. Ich habe dort liebe Freunde, die mich eingeladen haben.

# Die ganze Welt entdecken

**Entdecker wollen im Urlaub ihren Horizont erweitern, Neues erkunden und den Dingen auf den Grund gehen.**

Sie lernen gern fremde Kulturen kennen und fühlen sich dort wohl, wo die Einheimischen zu Hause sind? Sie finden es unverständlich, wenn Menschen während des gesamten Urlaubs die Hotelanlage nicht verlassen? Sie sind neugierig, lesen und diskutieren gern? Sie haben Ehrfurcht vor historischen Stätten und besuchen gern Plätze, an denen Geschichte geschrieben wurde? Eindeutig: Sie haben **Entdeckerlust** in Ihrem Urlaubscocktail. Vieles können Sie im Urlaub akzeptieren – Langeweile gehört nicht dazu.

Dieses Urlaubsmotiv gibt es über alle Altersgruppen und Budgets hinweg. Die Low Budget-Variante ist der Billigflug mit einer ausgiebigen Tramp-Tour quer durchs Land. Exklusive Studienreisen in kleinen Gruppen mit Experten zu Historie, Architektur oder Kultur als Reiseleiter sind das High End dieser Art, Urlaub zu machen. Auch die Urlaubsdauer betreffend gibt es hier ein breites Spektrum: Es reicht vom Wochenend-Städtetrip bis hin zu mehrmonatigen Weltreisen. **Entdeckerlust**-Urlauber reisen sehr gezielt. Vorab wird ausgiebig Reiseliteratur studiert, so dass der Entdecker bereits vorher weiß, was er sehen und erleben möchte.

Wo der Entdecker nachts im Bett liegt, ist für ihn zweitrangig. Wichtiger ist ihm, dass es in der Umgebung Spannendes zu sehen gibt. Gern unternimmt er Rund- oder Studienreisen und Kreuzfahrten, bei denen viele interessante Häfen angelaufen werden. Macht der Entdecker einmal länger Station, begibt er sich sofort auf ausgedehnte Erkundungstrips. Dabei viele Erfahrungen zu sammeln oder auch das eine oder andere Abenteuer zu erleben, ist ein wichtiger Teil seiner Lebensphilosophie. Zweimal in dasselbe Land reisen, in dieselbe Region und vielleicht noch in dieselbe Unterkunft? Niemals! Es sei denn, er hat noch nicht alle Highlights dort gesehen. Dabei muss die **Entdeckerlust** nicht unbedingt in den hinteren Kaukasus führen. Auch in Deutschland finden Menschen mit diesem Urlaubsmotiv mehr Reiseziele, als sie jemals „abarbeiten" können.

Das Urlaubsmotiv **Entdeckerlust** lässt sich ziemlich klar in zwei Bereiche gliedern: Entdeckerlust sachorientiert und Entdeckerlust menschenorientiert. Wem es vor allem um die Menschen geht, der liebt es, Land und Leute kennenzulernen. Sein natürlicher Aufenthaltsort ist das Café auf dem belebtesten Platz der Stadt. Fasziniert beobachtet er dort das muntere Treiben, saugt Kultur und Lebensstil der Leute auf und denkt über Unterschiede und Auffälligkeiten nach. Gern kommt er mit den Einheimischen ins Gespräch und

*Man reist ja nicht um anzukommen, sondern um zu reisen.*

Johann Wolfgang von Goethe

versucht, authentische Informationen zu sammeln.

Der sachorientierte Entdecker geht durchaus auch ins Café. Allerdings nur, um zwischen zwei Besichtigungen eilig einen Espresso zu trinken. Er hat keine Zeit zu verlieren, denn er interessiert sich vor allem für die klassischen Sehenswürdigkeiten, und die gibt es auf seiner Reise zuhauf. Der sachorientierte Entdecker steht auf dem Forum Romanum, betrachtet ausgiebig die Säulen des Saturntempels und erschauert

vor diesen steinernen Zeugen der Geschichte.

Ein aktueller Trend, wie gemacht für den sachorientierten Entdecker, sind Wissenschaftsreisen. Während eines solchen Urlaubs hilft er, eine entlegene Gegend der schottischen Highlands zu kartieren oder zählt Populationen bedrohter Tierarten in afrikanischen Naturschutzgebieten. Der Entdecker ist begeistert von neuem Wissen und den wunderbaren Erfahrungen, die er dort sammeln konnte. Das Reiseziel ist hier ausnahmsweise mal nachrangig gegenüber den Inhalten des Wissenschaftsprojektes.

Der Bestseller „1.000 Places to See Before You Die" von Patricia Schultz ist die Reise-„Bibel" für das Urlaubsmotiv **Entdeckerlust**.

Reisende, die das Motiv **Entdeckerlust** haben, sehen sich selbst gern als kosmopolitische und kluge Persönlichkeiten. Urlauber, bei denen die Entdeckerlust schwach ausgeprägt ist, titulieren sie hingegen als langweilig und provinziell.

Diese wiederum schätzen sich selbst als pragmatisch, bodenständig und solide ein. **Entdeckungslustige** wirken auf sie oft stressig und kopflastig.

## Entdeckerlust harmoniert mit

➕ **Umweltbewusstsein**
Wenn die Natur und all das, was andere Länder zu bieten haben, schonend ausfindig gemacht wird.

➕ **Geselligkeit**
Mit Gleichgesinnten Fremdes zu erkunden, hat einen großen Reiz.

➕ **Exklusivität**
Das Besondere wird gern auf privilegierte Art entdeckt.

➕ **Ungebundenheit**
Selbstbestimmtes Agieren ist auch des Entdeckers Lust.

➕ **Schönheit**
Attraktives aller Art ist begehrenswert, sei es Architektur, Kunst oder Kultur.

➕ **Genuss**
Körper, Geist und Seele finden im Unbekannten viel Anregung.

## Entdeckerlust ist konträr zu

➖ **Ruhe**
Große Unternehmungslust lässt kein Gefühl der Ruhe aufkommen.

➖ **Sicherheit**
Durchorganisierter oder gar wiederholter Urlaub gibt wenig Spielraum für Neues.

➖ **Kinder**
Kindliche Neugier ist anders geartet als die Entdeckerlust von Erwachsenen.

## Urlaubsempfehlungen

**Rund- und Studienreisen oder sogar Weltreisen**

**Kreuzfahrten zu vielen interessanten Häfen oder mit Expeditionsschiffen**

**Abenteuerreisen und Safaris**

**Geschichtsreisen, zum Beispiel auf den Spuren von interessanten Persönlichkeiten**

**Städteurlaube in historischen und kulturell herausragenden Metropolen**

**Expeditionen zur Begleitung wissenschaftlicher Projekte, beispielsweise zu Klimaforschung, Tierschutz oder Archäologie**

**Neue Reisearten und Reiseziele, Premierenfahrten**

**Der Flug ins Weltall, sobald dieser bezahlbar wird**

In New York City ist es Männern verboten, Frauen hinterher zu schauen. Wer gegen dieses Gesetz verstößt, wird gezwungen, Scheuklappen für Pferde zu tragen, wann immer er spazieren geht. Ferner wird eine Strafe von 25 US-Dollar verlangt.
Aus: Die verrücktesten Gesetze der Welt [16]

# Moderne Schnitzeljagd

## Bernhard Hoëcker
## Comedian

**Sie reisen beruflich sehr viel. Haben Sie dazu auch im Urlaub Lust?**

Ich fahre weg, weil ich etwas sehen will, was es dort nicht gibt, wo ich mich befinde. Das sind bei mir die Berge. Ich mag hochalpines Wandern und alles, was man mit „outdoor" beschreiben kann. Ich möchte mit dem Fuß möglichst nah an dieser Erde sein. Zum Beispiel von 1.500 Metern hoch laufen auf 3.000 Meter in zehn Stunden – hin und zurück. Ich versuche immer, zum Gipfelkreuz zu kommen und das wird dann natürlich auch berührt. Für mich ist das Wandern die direkteste Art, mit der Natur in Kontakt zu kommen.

**Haben Sie Ambitionen, richtig hohe Berge zu besteigen?**

Ich will auf den Mount Everest und ich will auf den Kilimandscharo. Das sind so allgemeine Ziele, deren Erreichung aber nicht wirklich innerhalb meines Planungshorizonts liegt.

**Sie machen Geocaching. Was ist das eigentlich genau?**

Geocaching ist eine moderne Schnitzeljagd mit Hilfe von GPS-Signalen und GPS-Geräten. Der eine versteckt eine Plastikdose zum Beispiel im Wald und andere gehen die dann suchen. Da gibt es – genau wie bei der Schnitzeljagd – lange Strecken, schwierige Gelände, viele Stationen und komplizierte Aufgaben. Der Reiz liegt im Suchen. Mit dem Geocaching habe ich immer eine Art Reiseführer für das Umland. Wenn ich beispielsweise in Eberswalde bin, schaue ich, welche Dosen da liegen und lerne dann beim Suchen die Umgebung kennen.

115

**Was war das Verrückteste, was Sie im Urlaub beim Geocaching erlebt haben?**

Das Abseilen von einem 30 Meter hohen Aussichtsturm, der irgendwo im Schwarzwald steht, um Plaketten zu finden mit Angaben zu den finalen Koordinaten der Dose. Klettern macht mir Spaß, dieses Überwinden der dritten Dimension.

**Und: Urlaub am Strand, Ausruhen ... auch manchmal?**

Nee, das ist komplett die falsche Topografie. Ich glaube, als der liebe Gott den Strand und das Flachland gebaut hat, hatte er einfach keinen Bock mehr. Wahrscheinlich war das montags.

**Wie gehen Sie generell ran an das Thema Urlaub?**

Wichtig ist mir, viele kleine Urlaube zu machen. Die meiste Erholung hat man bei der Planung. Letztlich ist die Vorfreude doch das, was am meisten entspannt und glücklich macht. Deshalb mag ich es, von Urlauben zu träumen. Wenn ich weiß, ein Abenteuer steht an, liebe ich es, mich darauf vorzubereiten, mir die Pläne anzuschauen und mich mit Leuten darüber zu unterhalten. Und im Internet zu schauen, welches Equipment man sich kaufen könnte. Letztlich mental schon mal darauf einlassen. Das ist das eine. Das andere ist, dass man im Urlaub das macht, wozu man zu Hause nicht kommt.

**Und wie stimmen Sie sich da ab?**

Paarurlaub ist oft Kompromissurlaub. Keiner hat richtig Spaß. Sinnvoller ist es, man macht erst eine Woche getrennt Urlaub und danach zusammen. Wenn einer gern Klimmzüge macht und der andere lieber taucht, dann ist es ja albern, wenn beide eine Woche lang Klimmzüge unter Wasser machen.

**Erinnern Sie sich an ein besonderes Urlaubserlebnis?**

Ich habe im vergangenen Jahr zum ersten Mal eine fünftägige Hüttentour durch die Dolomiten gemacht. Mit Klettersteigen und auf Gipfel rauf… Eine unglaublich anstrengende Wanderung, aber mit ganz starken Emotionen. An eine Etappe erinnere ich mich ganz genau. Das Feld hatte sich auseinander gezogen. Ich war allein und es fing an, zu regnen. Ich bin zwei Stunden lang durch strömenden Regen einen matschigen Almpfad gegangen. Rechts und links gingen die Berge gen Himmel und ich war völlig fertig. Da habe ich meinen MP3-Player eingeschaltet und Heavy Metal gehört. Ensiferum, eine finnische Gruppe. Ich bin halt Metal-Fan. Und dann hatte ich, laut mitsingend, in einer extrem beschissenen Gesamt-situation extreme Glücksgefühle. Das war einfach gigantisch.

# Exklusiv urlauben

**Reisende mit dem Urlaubsmotiv Exklusivität wollen Besonderes, das es nicht für jeden gibt. Das hat oft mit Luxus zu tun, lässt sich aber nicht damit gleichsetzen.**

**Exklusiv** kann neben dem Nobelhotel auch die Finca sein, wenn sie in exponierter Lage in einer besonders schönen Landschaft liegt. Oder der Service, wenn sich der Concierge darum bemüht, jeden Wunsch der wichtigen Gäste schon von den Lippen abzulesen. Im Zweifelsfall treibt er Eintrittskarten für den Wiener Opernball oder das Mega-Konzert von Madonna auf, auch wenn der Saal längst ausverkauft ist. Letztlich geht es dem **Exklusiv**-Reisenden darum, sich vom breiten Touristenstrom abzuheben.

Beim Buffet im Hotel an der Schlange stehen? Am überfüllten Strand mit Tausenden anderen in der Sonne braten? Nichts für Sie? Wenn die „Gala" hingegen berichtet, wo Leonardo di Caprio oder Sylvie van der Vaart gerade auf Reisen waren, denken Sie, der **Exklusiv**-Urlauber, zumindest mal darüber nach. Auch VIP-Events, die man selbst nie so organisieren könnte, stehen hoch im Kurs. Ein Fünf-Sterne-Gala-Dinner auf dem Tafelberg in Südafrika zum Beispiel: Lange Tafeln mit leuchtend weißen Tischdecken unter dem Stern des Südens, dazu ein paar Flaschen Champagner und den Blick auf den atlantischen Ozean. Das ist ein Abend nach dem Geschmack von **Exklusiv**-Urlaubern. Auch, weil bei derartigen Veranstaltungen garantiert ist, dass man unter seinesgleichen ist.

Beim Urlaubsmotiv **Exklusivität** ist oft nicht die Liebe zu den Dingen selbst, sondern der schwierige Zugang und das damit verbundene Prestige interessant. Es geht also um den Status und das Dazugehören. Ein wunderbares Beispiel dafür weiß eine Reisebürochefin zu berichten, die VIP-Fahrten ins Stadion eines Fußball-Bundesligisten organisiert. Selbst Fußballfan, kann sie es nicht begreifen, dass sich Gäste an den Kanapees in der VIP-Lounge gütlich tun und dabei exzellent unterhalten, am Ende aber nicht wissen, wie das Fußballspiel ausgegangen ist. Hier kommen sich ganz klar die Motive Sport und Exklusivität ins Gehege. Die Organisatorin geht davon aus, dass ihre Gäste wegen des Fußballs ihr Angebot buchen. Die Kanapee-Profis dagegen haben damit nicht unbedingt etwas am Hut, sie begeistern sich für die Exklusivität des VIP-Bereichs im Stadion. Denn erstens kommt da nicht jeder hin und zweitens trifft man interessante und wichtige Leute.

Wie sensibel Menschen mit dem Urlaubsmotiv **Exklusivität** reagieren, wenn sich vor Ort herausstellt, dass es mit dem exklusiven Zugang so weit nicht her ist, zeigt der Schiffbruch, den einige renommierte Reedereien erlitten haben. Sie verkauften luxuriöse Kreuzfahrten per Billigangebot und haben die Hochpreiskundschaft damit verprellt. Derartige PR-Aktionen lockten Urlauber mit dem Motiv Preisvorteil. Diese harmonieren aber gar nicht mit Gästen, die auf **Exklusivität** aus sind. Wenn die Fünf-Sterne-Kreuzfahrt zu vergünstigten Preisen angeboten wird, kann sie so exklusiv nicht sein. Aufgepasst also bei Luxusangeboten zu Sonderkonditionen! Der Traum:Urlaub kann leicht dadurch verhagelt werden, dass die halbe Stadt dieselbe Idee hatte. Vorsicht auch vor ganz neuen Hotels oder Reisezielen. Das hochwertige Angebot und der Service müssen sich oft erst noch einspielen.

*Lebenskunst ist nicht zuletzt die Fähigkeit, auf etwas Notwendiges zu verzichten, um sich etwas Überflüssiges zu leisten.*

Vittorio De Sica,
Schauspieler

Um solche Reinfälle zu vermeiden, beziehen **Exklusiv**-Urlauber ihre Reistipps meistens aus dem direkten Umfeld. Sie lassen sich gern von Reiseexperten beraten, die Mitglied im selben Rotary oder Lions Club sind oder dieselben Hobbys, wie Golf spielen, Segeln oder Fliegen, haben. Besonderen Internetseiten und Zeitschriften vertrauen sie ebenso wie Top-Reisebüros.

Eine Ferrari-Tour mit Besuch edler Weingüter in der Toskana und außergewöhnlichen Events in historischen Sehenswürdigkeiten, geleitet vom Reisebüroinhaber höchst selbst, ist gerade exklusiv genug.

Wer **Exklusivität** zu seinen Urlaubsmotiven zählt, sollte wissen, dass er nur dann einen Traum:Urlaub verbringen wird, wenn dieser von A bis Z exklusiv ist. Was nützt schon ein größeres Zimmer, wenn man mittels Sammeltransfer stundenlang von einem Hotel zum nächsten gefahren wird, weil Ihr Hotel das zehnte auf der langen Liste ist? Gäste mit Interesse an Exklusivität wünschen sich die beste aller Ausstattungen, beste Lage oder besten Service. Kleine Überraschungen und Aufmerksamkeiten halten die Gäste bei Laune: Eine Flasche Champagner auf dem Hotelzimmer oder eine Einladung ins Lieblingsrestaurant am Urlaubsort geben ihnen das für sie gute Gefühl, etwas Besonderes zu sein.

„Ich bin wichtig und Teil der High Society." So sieht sich der der **Exklusiv**-Urlauber. Alle anderen betrachtet er – zugespitzt – als „Null acht fünfzehn- Touristen".

Der Nicht-Exklusiv-Reisende hingegen legt Wert auf Gleichbehandlung und hat aus seiner Sicht einen hohen Gerechtigkeitssinn. **Exklusiv**-Urlauber empfindet er als angeberisch, versnobt und dekadent.

## Exklusivität harmoniert mit

➕ **Sicherheit**
Noble Touristikmarken haben Reisen zu abgeschirmten Orten im Programm.

➕ **Entdeckerlust**
Als VIP-Gast eine Urlaubsregion privilegiert zu erkunden, ist die Krone des Exklusivurlaubs.

➕ **Ungebundenheit**
Wichtig für VIP´s ist ein auf ihre spontanen Wünsche hin maßgeschneiderter Service.

➕ **Schönheit**
Außergewöhnliche Lagen und stilvolles Ambiente zeichnen Luxushotels aus.

**Genuss**
➕ Champagner, Hummerpyramiden, feinste Pralinen und Trüffel – die Liste besonderer Gaumen- und anderer Freuden ist endlos.

## Exklusivität ist konträr zu

➖ **Umweltbewusstsein**
Der immense Verbrauch von Strom, Wasser und anderen Ressourcen in Nobelherbergen ist umweltschädlich.

➖ **Kinder**
Deren Verhalten passt nicht zu steifen Benimmregeln und förmlicher Atmosphäre.

➖ **Preisvorteil**
Schnäppchen sind der Exklusivität ihr Tod.

➖ **Geselligkeit**
VIP-Gäste wünschen eine gewisse Distanz zu fremden Menschen.

## Urlaubsempfehlungen

**„Leading Hotels of the World" und weitere Premium-Hotels in guten Lagen und schönen Landschaften**

**Attraktive Zimmer-Upgrades oder Suiten**

**Villen und Fincas in exponierten Lagen, gern auch mit privatem Butlerservice**

**Luxuskreuzfahrten, am besten in einer Balkonkabine oder Suite**

**VIP-Destinationen, wie Sylt, Monaco oder Dubai**

**Individualprogramme von VIP-Reiseveranstaltern**

**Luxusreisen von Discountern meiden**

In New York City ist das Tragen von Stöckelschuhen gesetzlich verboten. Die Stadtväter wollen ausschließen, dass sie noch einmal erfolgreich von einer Lady zur Zahlung einer erklecklichen Summe herangezogen werden, weil sie sich die Füße in ihren abenteuerlich hohen Pumps verknackst hatte und dafür den angeblich schlechten Zustand der Straßen verantwortlich machte.
Aus: Die verrücktesten Gesetze der Welt [17]

# In die Antarktis muss ich nicht

## Jaecki Schwarz
## Schauspieler

**_Machen Sie gern Urlaub?_**

Oh ja, ich freue mich auf jeden Urlaub, plane ihn sorgsam und gebe immenses Geld dafür aus. Ich arbeite prinzipiell für den Urlaub. Wenn mich bei der Arbeit irgendwas anstinkt und ich mich frage, warum machst du das alles, dann sage ich mir: Heute verdienst du dir das Geld für einen schönen Urlaubstag. Da kannst du wunderbar Boot fahren und musst nicht darauf achten, ob du es dir auch leisten kannst.

**_Sind das die schönsten drei Wochen im Jahr für Sie?_**

Nein, es sind vier Wochen! Ich fahre meist etwas weiter weg und habe mittlerweile fast alles gesehen, was sehenswert ist. Die Karibik, die Seychellen, Mauritius, die Südsee, die Malediven und so weiter. Afrika südlich der Sahara und Australien stehen noch aus.

**_Ihr Beruf hat Sie ja auch in aller Herren Länder geführt, oder?_**

Ja, dadurch habe ich auch viel kennengelernt. Mit dem Berliner Ensemble ganz Europa, Israel, Kalifornien, Venezuela und Kolumbien. Und bei den Dreharbeiten für das „Traumschiff" war ich in Mexiko, Hongkong, Singapur, Vietnam, Thailand, Borneo, Myanmar und in ganz Südamerika. Und ich bin sogar schon um Kap Horn geschippert.

### Und wo ist es am Schönsten?

Ich bin ein fauler Mensch. Ich liebe es, dorthin zu fahren, wo keine Berge und Treppen sind. Die Malediven sind flach, gerade mal einen Meter hoch. Da fahre ich jetzt zum zehnten Mal hin, dort kann ich wunderbar aktiv faulenzen und tolle Sonnenuntergänge genießen. Und man wird von vorn bis hinten bedient, ist viel auf und im Wasser und hat immer eine Brise frischen Wind um die Nase. Das ist wunderschön.

### Und wie organisieren Sie Ihre Reisen?

Mein Reisebüro unterbreitet mir schöne Angebote, mit kostenfreien Verlängerungsnächten oder Upgrades.

### Wie wichtig sind Ihnen gutes Essen und Genuss?

Sehr wichtig. Außerdem liebe ich ein stilvolles Ambiente. Letztens hatte ich eine tolle Wasservilla mit 232 Quadratmetern über zwei Etagen. Auch hochwertige Restaurants und ein exklusives Spa mag ich sehr.

### Mit wem verreisen Sie am liebsten?

Ich nehme mir immer jemanden mit, von dem ich weiß, dass er nicht stört. Sozusagen eine Tournee-Ehe, wie wir früher am Theater gesagt haben. Wir mussten damals immer zu zweit in einem Zimmer schlafen. So halte ich es auch mit einer „Reise-Ehe". Es ist schön, jemanden zu haben, mit dem man sich gut unterhalten, schnorcheln und tauchen kann.

### Sind Sie ein geselliger Urlaubstyp?

Eher weniger. Polonaise brauche ich nicht, die habe ich das ganze Jahr. Das Schöne an Fernreiseurlauben ist, dass man da fast nie einen zufällig trifft. Auf den Malediven sieht man nur zum Frühstück manchmal ein paar Leute.

***Gehen Sie ab und an in Urlauben auch ganz anderen Motiven nach?***

In die Antarktis muss ich nicht. Kap Horn hat mir gereicht. Auch Entdeckertouren, Abenteuerurlaub und Überlebenstrainings brauche ich nicht. Rundreisen mache ich, um mir ein fernes Land anzusehen. Und dann hänge ich noch drei Wochen Erholungsurlaub ran.

***Beeinflussen Sicherheitsbedenken Ihre Urlaubspläne?***

Es ist natürlich schön, wenn das Flugzeug nicht abstürzt. Mit Tsunamis oder Naturkatastrophen muss man immer rechnen. Ich lasse mir davon die Urlaubsfreude aber nicht nehmen. Ein paar Mal war ich in Ägypten oder Israel, kurz nach Anschlägen. Da waren die Touristenregionen leer und die Gastgeber besonders freundlich. In ausgesprochene Kriegsgebiete fahre ich aber selbstverständlich nicht.

***An welche außergewöhnlichen Urlaubserlebnisse erinnern Sie sich besonders?***

Dadurch, dass ich viele Jahre am Berliner Ensemble war, habe ich schon zu DDR-Zeiten auch Westeuropa bereisen können. Das war manchmal ernüchternd, weil man kein Geld hatte. Wenn wir im Westen gastiert haben, waren wir die armen Leute.

Und einmal im Jahr durfte ich nach Jugoslawien fahren. Da war ich auf der Insel Hvar und bekam Besuch von Bekannten, die auf dem Festland Urlaub machten. Als sie abfuhren, habe ich der Fähre so lange und intensiv hinterher gewunken, bis sie zurückkam. Der Kapitän dachte offenbar, ich wolle noch mit. Ich bin dann ganz schnell weggerannt, denn ich hätte das Zurückkommen ja bezahlen müssen…

# Heute hier, morgen dort

**Freiheit, Flexibilität und Selbstbestimmung sind die Schlüsselwörter für den Urlauber, der ungebunden sein möchte. Liebend gern lässt er sich treiben und entscheidet spontan, wohin die Reise ihn führt.**

Am Flughafen ankommen, am besten gleich in den Mietwagen rein und sehen, was der Tag bringt. Oft bucht der Urlauber mit dem Urlaubsmotiv **Ungebundenheit** nur den Flug. Der Rest soll sich von selbst ergeben. Er hat einfach keine Lust auf Vorschriften und Zeitpläne. Zwänge verabscheut er aus tiefstem Herzen. Das trifft besonders auf Menschen zu, die im Alltag in ein festes Korsett geschnürt sind, so dass sie ihren innigen Wunsch nach **Ungebundenheit** kaum ausleben können. Maximale Freiheit für die Launen des Schicksals ist deshalb das wichtigste Urlaubsziel.

Ganz oben auf dem Wunschzettel stehen Länder, die zum Symbol dieser Freiheit geworden sind: die USA, Kanada oder Australien. Auch das Wohnmobil als Inbegriff des „Heute hier, morgen dort" passt perfekt. Hat der Urlauber mit der Sehnsucht nach **Ungebundenheit** ein schönes Fleckchen Erde entdeckt, will er nicht abreisen, nur weil die nächsten fünf Hotels bereits gebucht sind. Er überlegt sich kurzfristig, was er als Nächstes tun möchte. Der Reisende mit diesem Motiv wirkt häufig etwas planlos. Der entscheidende Punkt aber ist, dass Improvisation ihn nicht nervös macht. Hat ein Museum schon geschlossen, nimmt er es mit einem Achselzucken. Dann eben morgen. Oder irgendwann.

Ungebundene Urlauber sehen Reisebüros selten von innen. Sie sind oft Online-Direktbucher. Schließlich weiß man selbst am besten, was man will und was gut ist. Wenn er doch einen

Reiseberater fragt, dann in erster Linie, um sich bestätigen zu lassen, was er selbst herausgefunden hat. Niemals würde er sich auf die Meinung eines anderen verlassen. Ihm ist wichtig, die Entscheidung selbst in der Hand zu haben.

Häufig ist der Urlauber mit dem Motiv **Ungebundenheit** allein unterwegs. Zieht er aber doch mit Freunden oder der Familie los, kann das gut funktionieren, wenn alle Beteiligten bereit sind, während der Reise auch mal getrennte Wege zu gehen. Das klappt mit Freunden oft besser als beim Trip mit der Familie. Den Kindern kann man schlecht sagen, sie sollen jetzt allein nach Disneyland fahren, während man selbst Richtung L.A. abbiegt.

Der ungebunden Reisende findet es gut, wenn die anderen gut finden, was er gerade machen will. Und er hätte es auch gern, dass das einer ehrlichen Überzeugung entspringt. Kein Verständnis hat er für Begleiter, die nur aus Gefälligkeit und Kompromissbereitschaft seinen Vorschlägen folgen. Der **Ungebundene** erwartet, dass jeder für sich selbst weiß, wie ihm der Urlaub Spaß macht. Auf keinen Fall will er Verantwortung für das Urlaubsglück anderer übernehmen.

Wer **Ungebundenheit** zu seinen Motiven zählt, muss nicht automatisch auf der Harley die „Route 66" Richtung Westen fahren. Er kann durchaus auch Freude an Cluburlauben oder Resorts haben. Dafür müssen diese aber bestimmte Voraussetzungen aufweisen. Vor allem ein großes und am besten täglich wechselndes Sport-und Freizeitangebot, aus dem der **Ungebundene** je nach Laune kurzfristig sein Programm für den Tag zusammenstellen kann. Auch starre Essenszeiten sind ihm ein Graus. Sich schon bei der Ankunft festlegen zu müssen, wann er in seinem Urlaub die Mahlzeiten einnehmen wird, geht gar nicht! Gastronomisch werden Buffets bevorzugt, weil man frei entscheiden kann, worauf Augen und Gaumen gerade Lust haben.

*Die Freiheit des Menschen liegt nicht darin, dass er tun kann, was er will, sondern, dass er nicht tun muss, was er nicht will.*

Jean-Jacques Rousseau,
Philosoph

Speziell für Urlauber mit dem Motiv **Ungebundenheit**, die mit ihrer Familie unterwegs sind, bietet Cluburlaub die Möglichkeit, spontan eigenen Interessen nachzugehen, während der Nachwuchs im Miniclub gut betreut wird. Im Club ist dieser Urlauber einer der wenigen Gäste, der trotz „all inclusive" einen Mietwagen vor der Tür stehen hat. Möglicherweise benutzt er den gar nicht sonderlich oft, aber mobil zu sein, beruhigt ihn. Er will nicht darauf festgelegt sein, einen Großteil seiner Zeit im Club zu verbringen.

Ferienhäuser oder Fincas, abseits der massentouristischen Wege, üben auf Urlauber mit dem Motiv **Ungebundenheit** einen großem Reiz aus. Wenn diese idyllisch in der Landschaft, fernab der Zentren liegen, sollte aber bedacht werden, dass das Nachteile für die Mobilität bedeutet.

Autonom, flexibel und selbstbestimmt – so beschreibt sich der Urlauber, der **Ungebundenheit** liebt. Reisende, die das Motiv nicht haben, kommen ihm oft wie Schafe in einer Herde ohne eigenen Willen vor.

Jene, die lieber „gebunden" Urlaub machen, beurteilen sich selbst als rücksichtsvoll, die Nähe anderer suchend, mit hoher Sozialkompetenz. **Ungebundene** schätzen sie als egoistisch oder dickköpfig ein.

## Ungebundenheit harmoniert mit

➕ **Ruhe**
Der Wunsch, sich zurückzuziehen und auf die eigenen Bedürfnisse zu konzentrieren, gehört zum autonom Reisenden.

➕ **Sport**
„Bewegungssüchtige" lieben es, selbstbestimmt ihrer Lieblingssportart nachzugehen.

➕ **Entdeckerlust**
Neugier, Spontaneität und überraschende Highlights bereichern diesen Urlaub.

➕ **Schönheit**
Man lässt sich gern von einem reizvollen Platz zum nächsten treiben und erfreut sich an schönen Ausblicken und dem Ambiente.

## Ungebundenheit ist konträr zu

➖ **Sicherheit**
Durchgeplant, ohne Raum für Spontaneität und Flexibilität – das ist das Gegenteil eines Traum:Urlaubs.

➖ **Kinder**
Der Nachwuchs braucht geordnete Bahnen und schränkt damit eigene Vorstellungen und Vorlieben stark ein.

➖ **Geselligkeit**
Wenn die Wünsche der Mitreisenden und ein Miteinander im Vordergrund stehen, funktioniert uneingeschränkte Selbstbestimmung nicht.

## Urlaubsempfehlungen

Reiseziele, wo man auf eigene Faust viel unternehmen kann, wie Australien, Nordamerika und Südafrika sowie Städtereisen mit vielen Sehenswürdigkeiten

Selbst organisierte Rundreisen mit Motorrad, Mietwagen oder Wohnmobil

Around-the-World-Flugtickets mit flexiblen Flugdaten

Betreuung für mitreisende Kinder, zum Beispiel im Miniclub

Cluburlaub mit großem Angebot an Sport- und Freizeitaktivitäten, aus dem man jeden Tag spontan individuell wählen kann

Buffets ohne festgelegte Essenszeiten

Ferienhäuser oder kleine Pensionen, abseits von massentouristischen Wegen

Separate Zimmer oder Ferienwohnungen mit Küche, am besten auch mit eigenem Auto

Zweitwagen bei mehreren Individualisten

In Merryville, Missouri gilt Ungebundenheit im wahrsten Sinne des Wortes: Es ist den Frauen strengstens verboten, ein Korsett zu tragen. Begründung: „Das Privileg, einen kurvenreichen und durch nichts eingeengten Körper einer jungen Frau bewundern zu dürfen, darf dem normalen amerikanischen Mann nicht verweigert werden."
Aus: Die verrücktesten Gesetze der Welt [18]

# Genug Zeit, um auf dumme Ideen zu kommen

## Margit Hertlein, Autorin und Kommunikationstrainerin

**Was war für Sie in letzter Zeit der gelungenste Urlaub?**

Vier Wochen am Stück auf La Palma! Wir waren ganz für uns. Das Ferienhäuschen war früher ein Kuhstall, ziemlich abseits gelegen. Die Vermieterin hat das Haus pfiffig eingerichtet. Nicht überkandidelt, alles sehr ästhetisch und geschmackssicher. Die Terrasse ist schön gestaltet und der Ausblick fantastisch.

**Was macht La Palma aus?**

Die Vulkanlandschaft dort ist extrem faszinierend. So etwas hatte ich live noch nie gesehen. Ich finde es ungemein beeindruckend, auf einem Hügel zu stehen, wenn man weiß, dass da vor dreißig Jahren der Vulkan ausgebrochen ist. Das Terrain sieht interessant aus: Schwarzes Gestein in fremdartigen Formationen. Und dabei so fruchtbar. Die aufgestaute Wärme ergibt einen tollen Wein. Oder dieser Riesenkrater auf La Palma, wo man sich fragt, was für eine Riesenkraft das gewesen sein muss. Die Naturgewalt, die da dahinter steckt, fasziniert mich.

*Wie haben Sie Ihren Urlaub verbracht, ständig unterwegs oder eher im Liegestuhl?*

Beides. Aber das Wichtigste für uns war, dass wir nichts müssen. Wenn wir in aller Frühe um sieben frühstücken wollten, dann frühstückten wir um sieben. Wenn erst halb zwölf, dann eben erst kurz vor dem Mittag.

*Wird einem nach einigen Wochen die Insel nicht zu eng? Gibt es da genug Abwechslung?*

La Palma ist nicht sehr groß, rund 45 Kilometer lang und 28 Kilometer breit. Aber wir haben Einiges unternommen und hatten dann immer noch Zeit. Das war ein tolles Gefühl.

*Und was können Sie empfehlen?*

Wir haben in Stein gearbeitete Felsbilder aus prähistorischer Zeit gesehen, eine Wanderung durch den Lorbeerurwald gemacht und einen frischen Vulkankrater besichtigt. Und wir haben uns erklären lassen, wie man Salz gewinnt. Außerdem beobachteten wir im Museum für Seidenzucht, wie Seide gesponnen wird. Wir waren auf einer Bananenplantage, haben im Meer gebadet, uns ein paar Orte angeschaut. Und dann haben wir Läuse gesammelt.

*Wie bitte? Sie haben Läuse gesammelt?*

Na ja, wie gesagt, wir haben viel unternommen und hatten aber trotzdem noch Zeit. Da sind wir in einen Modus gekommen, wo wir uns fragten: „Was machen wir jetzt?" Urlaub fängt ja manchmal erst an, wenn einem langweilig wird.

*Das erklärt noch nicht, warum Sie Läuse gesammelt haben!?*

Wir hatten im Seidenmuseum verschiedene Färbemethoden kennengelernt und dort erfahren, dass Farben früher ausschließlich aus Naturmaterialien gewonnen wurden. Es gab auf La Palma vor Erfindung der Anilin-Farben eine Läusezucht. Für ein kräftiges Karminrot nahm man Cochenille-Läuse, die man auf Feigenkakteen findet. Auf dem Weg zu unserem „Kuhstall" stand ein solcher großer rosaroter Feigenkaktus. Und so sind wir mit leeren Joghurtbechern und Messern losgezogen und haben die Läuse vorsichtig von den Kakteen gekratzt, zum Trocknen ausgelegt und in einem großen Glas mit nach Hause gebracht.

**Stehen die immer noch im Regal?**

Ja, klar! Das ist unsere Trophäe. Immer wenn wir gefragt werden, was wir aus dem Urlaub mitgebracht haben, präsentieren wir stolz unsere Läuse – meist zum Erstaunen unserer Gäste. Dass damit Campari und früher auch Jahrzehnte lang Lippenstifte gefärbt wurden, haben wir erst daheim gelesen. Es hat so viel Spaß gemacht, weil es kaum eine entspanntere Urlaubsbeschäftigung gibt, als Läuse zu sammeln. Heute färbe ich mit diesen Läusen unsere Ostereier.

**Würden Sie noch mal nach La Palma reisen?**

Ja, weil es landschaftlich atemberaubend und das Klima ausgewogen ist. Der Strand ist so außergewöhnlich schwarz und es gibt viele wunderschöne Bademöglichkeiten.

**Nach welchen Kriterien entscheiden Sie, wo es im nächsten Urlaub hingehen soll?**

Das Klima, die Natur und kulturelle Gesichtspunkte sind unsere ersten Auswahlkriterien. Massentouristische Ziele meiden wir. Im Urlaub wollen wir zur Ruhe kommen. Mal das machen, wofür sich sonst nie Zeit findet.

**Wer entscheidet bei Ihnen am Ende konkret?**

Wir beide, wirklich! Wir sind gut aufeinander eingespielt und machen uns die Urlaubsfreude gegenseitig leicht. In Südtirol beispielsweise können wir auch mal Arbeit mit Urlaub verbinden. Der Tapetenwechsel und das Nichtvorhandensein der heimatlichen häuslichen Strukturen wecken in uns – trotz Arbeit – Urlaubsfeeling.

# Urlaub – einfach nur schön

**Dass der Urlaub schön wird, dass wünscht man sich selbst und seinen Freunden. Das wünscht einem auch Deutschlands größter Reiseveranstalter.**

Aber: Wann ist ein Urlaub eigentlich schön? Wenn er die Motive befriedigt, die der Urlauber mit seiner Reise verbindet. Eines dieser Motive ist die **Schönheit** selbst. Dabei geht es um Flair, Stil und Kreativität. Menschen mit diesem Urlaubsmotiv wollen ein Hotel in reizvoller Lage und sind auch bereit, dafür den entsprechenden Preis zu zahlen. Unvorstellbar ist für sie, wie sich Pauschaltouristen zu Tausenden in Plattenbauhotels zusammenpferchen lassen.

**Schönheit** liegt als Motiv nah an der Exklusivität. Den Urlaubs-Schöngeistern geht es aber noch stärker um Ästhetik und Details. Sie finden nicht nur attraktiv, was teuer und exklusiv gestylt ist. Sie lassen sich auch von der wildromantischen **Schönheit** der Natur, der Idylle eines urwüchsigen Fischerdorfs oder von eindrucksvollen Zeugnissen der Geschichte begeistern. Künstliche Glamour-Welten stehen vor diesem Motivhintergrund stets im Kitschverdacht. Nicht kitschig hingegen ist eine stilvolle Romantik mit Sonnenuntergängen und Candlelight-Dinner. Urlauber mit dem Motiv **Schönheit** haben einen Sinn für zauberhafte Ausblicke, geschmackvolles Ambiente und liebevolle Buffet-dekorationen. Wichtig ist, dass sich diese Dinge zu einem stimmigen und stilvollen Gesamtkonzept fügen.

Schönheits-Fans bemerken sofort, ob Hotel, Kreuzfahrtschiff oder Resort von einem Planer mit Stil konzipiert und von einem „geborenen Gastgeber" umgesetzt worden sind. Sie zählen sich zu den Menschen, die einen guten Geschmack haben. Nicht harmonierende

Farben und unverputzte Ecken springen ihnen sofort unangenehm ins Auge. Begeistern können sie sich für liebevoll angelegte Gärten, Springbrunnen und blühende Blumen. Sie genießen ihren Cappuccino am liebsten auf der Sonnenterrasse mit unverbautem Blick auf das Meer oder das Bergpanorama.

> *Die Schön-*
> *heit der Dinge lebt*
> *in der Seele dessen,*
> *der sie betrachtet.*
>
> David Hume, Philosoph
> und Historiker

Für Urlauber mit dem Motiv **Schönheit** ist also die Optik sehr wichtig. Sie achten darauf, ob sich der indirekt beleuchtete Pool mit sanften Wellenschwüngen harmonisch in die Anlage und die natürliche Umgebung einfügt. Ein unschöner, eckiger Pool reicht aus, um das entsprechende Hotel abzuwählen. Ausdrucksstarke Fotos und Videos, die die Reiseziele in Katalogen, Fernsehbeiträgen und dem Internet anpreisen, sind für Urlauber mit Sinn für Schönes entscheidend. Reine Textbeschreibung und – noch schlimmer – schlechte Bilder führen zwangsläufig dazu, dass nicht gebucht wird.

Dass ihr bevorzugter Sinneskanal visuell ist, zeigt sich auch darin, wie vom letzten Urlaub erzählt wird. Wortgewaltig werden Gemälde der Urlaubsszenerie beeindruckend in den Raum „gemalt". Der Zuhörer soll die Schönheit des Urlaubs vor seinen eigenen Augen entstehen lassen.

Das Motiv **Schönheit** haben Urlauber aller Altersklassen. Mit der Zeit und von Generation zu Generation verändert sich allerdings, was als schön empfunden wird. Jüngere Reisende bevorzugen oft moderne Designs und Architektur mit klarer, gerader Linienführung. Ältere Urlauber erfreuen sich häufig an einer plüschigen oder klassisch-eleganten Hotelausstattung.

Wer das Schöne im Urlaub schätzt, wird versuchen, die Kehrseite zu meiden. Er will in den schönsten Wochen des Jahres nicht mit Hässlichem oder Unangenehmen konfrontiert werden. Deshalb reisen Menschen mit dem Motiv **Schönheit** kaum in sozial schwache

Länder. Am Urlaubsort meiden sie zudem Stellen, an denen man von aufdringlichen Verkäufern belästigt werden könnte. Kategorisch abgelehnt oder ignoriert wird alles, was nicht als schön empfunden wird.

Ein ausgiebiger Städtebummel, entlang an stilvoll dekorierten Schaufenstern, lässt das Herz einer die Schönheit liebenden Dame höher schlagen. Auch sie selbst will im Urlaub eine bella figura machen und nimmt sich die Zeit, sich modisch unaufdringlich in den Mittelpunkt zu stellen. Die Damen und auch vereinzelt Herren mit dem Urlaubsmotiv **Schönheit** kleiden sich selbst gern kreativ und stimmig im Detail. Ihr Nagellack würde sich nie mit der Farbe der Bluse beißen. Er hat drei Uhren im Gepäck, die er auf seine Outfits abstimmt.

Urlauber mit dem Motiv **Schönheit** empfinden sich als attraktiv und geschmackvoll. Sie sind davon überzeugt, den ästhetischen Blick zu haben. Andere werden als zu sachorientiert gesehen, denen es an Stil fehlt.

Ein eher pragmatischer Urlauber widerspricht da vehement! Er findet sich genügsam und an inneren Werten orientiert. „Schöngeister" sind für ihn optikfixiert, oberflächlich und dekadent.

## Schönheit harmoniert mit

➕ **Ruhe**
Besinnung Suchende erfreuen sich gern am schönen Ausblick.

➕ **Umweltbewusstsein**
Die intakte Natur ist eine Traumkulisse für wunderbare Momente.

➕ **Sport**
Bewegung macht in schöner Umgebung besonders viel Spaß.

➕ **Entdeckerlust**
Attraktives aller Art begeistert, sei es Architektur, Kunst oder „Shopseeing".

➕ **Exklusivität**
Luxushotels überzeugen durch außergewöhnliche Lagen und hochwertige Einrichtungen, alles hat Stil und Klasse.

➕ **Ungebundenheit**
Man lässt sich gern von einem schönen Platz zum nächsten treiben.

➕ **Genuss**
Romantische Zweisamkeit passt gut zu besonderem Ambiente.


## Schönheit ist konträr zu

➖ **Kinder**
Sie haben andere Prioritäten, wollen sich austoben und etwas erleben.

➖ **Preisvorteil**
Hotels mit außergewöhnlichem Ambiente sind selten bei Sonderangeboten zu finden.

# Urlaubsempfehlungen

**Reiseziele mit den schönsten Landschaften und Kulturgütern der Welt**

**Kreuzfahrten in Außen- oder Balkonkabinen mit bester Aussicht**

**Design- oder Boutique-Hotels mit besonderer Architektur in attraktiver Lage**

**Mit Liebe zum Detail gestaltete Zimmer mit traumhaftem Ausblick**

**Rund- und Städtereisen mit attraktiven Sehenswürdigkeiten sowie kulturellen und landschaftlichen Highlights**

**Im Restaurant in geschmackvollem Ambiente den Tisch mit dem bestem Blick vorreservieren**

**Themenreisen zu Mode-Events oder in Städte mit vielen Designershops**

**;-)** In Tombstone, Arizona ist es für Männer und Frauen gesetzlich verboten, ihren Mund zu einem Lächeln zu öffnen, wenn dabei mehr als ein fehlender Zahn sichtbar wird!
Aus: Die verrücktesten Gesetze der Welt [19]

# Gutes Essen ist immer eine Reise wert

## Christian Rach, Sternekoch und „Der Restauranttester"

**Was für Urlaube bevorzugen Sie?**

Ich bin da nicht festgelegt, aber meine Lieblingsinsel ist Sardinien. Die bietet alles, was das Herz und die Seele für einen guten Urlaub brauchen. Tolles türkisfarbenes Wasser, schöne Natur, ein sensationelles Klima, super Menschen und gutes Essen.

**Was machen Sie im Urlaub am liebsten?**

Schwimmen gehen, lesen, essen und den sardischen Wein genießen. Und ich will natürlich das Land kennenlernen. Das Inselinnere ist traumhaft schön. Es gibt viel Kultur zu sehen. Eine Woche nichts tun und eine Woche rumreisen, das ist perfekt.

**Apropos Essen: Woran erfreut sich der Sternekoch Rach kulinarisch?**

An authentischer Küche. Ich käme auf Sardinien nicht auf den Gedanken, Kassler oder ein Wiener Schnitzel zu essen. Viele Deutsche suchen im Urlaub – wo auch immer auf der Welt – deutsche Küche. Das würde ich niemals machen.

*Ist dabei auch eine schöne Umgebung wichtig?*

Natürlich ist unser Geschmack auch über die Umgebung manipulierbar. Stellen Sie sich vor, Sie sitzen auf einem Hügel, es duftet nach Pinien und Sie schauen auf das türkisfarbene Meer. Sie haben gegrillten Fisch mit Olivenöl und einer wilden Zitrone vor sich... Da läuft mir schon beim Erzählen das Wasser im Mund zusammen. Ich liebe die kleinen authentischen Lokale. Wo ich den Koch bitten kann, das zu servieren, was er selber gern essen würde.

*Man kennt Sie aus Ihren Fernseh-Sendungen als einen Mann der offenen Worte. Sie sparen nicht mit Kritik. Auch im Urlaub nicht?*

Wenn man nach Italien reist, muss einem klar sein, dass man in den meisten Hotels Abstriche machen muss. Das Drei-Sterne-Niveau dort ist nicht mit dem bei uns zu vergleichen. Sich den Urlaub wegen läppischer Dinge zu zerstören, wäre fatal. Ein Urlaub ist ein guter Urlaub, wenn man das Gefühl hat, er war viel zu kurz.

*Fahren Sie manchmal irgendwo hin, weil es genau dort besonders gutes Essen gibt?*

Ja. Gutes Essen ist immer eine Reise wert. Wenn man das als Quell der Muse entdeckt hat, reist man, um zu essen. Nach Köln zum Beispiel in das „Le Moissionier" oder ins Gästehaus Klaus Erfort nach Saarbrücken. Man muss also nicht unbedingt in die Ferne fahren.

*Mein Traumurlaub ist...*

...in Kanada auf einem Highway vom Atlantik bis zum Pazifik zu fahren. Da haben Sie Millionenstädte und absolute Abgeschiedenheit. Sie haben Mittelmeer- und Wüstenklima, Sie haben die Rocky Mountains und die schönsten Küstenlandschaften. Alles in einem. Und Sie haben ein liebenswürdiges Volk. Es ist überall sauber, Umweltschutz ist ein hohes Gut. Es ist einfach großartig. Ich bin dort 6.000 Kilometer getrampt. Und ein Erlebnis war schöner als das andere.

**Und was war das Verrückteste, was Sie mal im Urlaub erlebt haben?**

Es war eine Kombination aus Urlaub und Arbeit in Bangkok. Ich war vom thailändischen Industrieverband – die Mitglieder sind alle Millionäre – eingeladen zu einem Kochfestival. Das fand in einem „Private Club" im 28. Stock eines der höchsten Häuser Bangkoks statt und ich hatte nur zwei Tage, um mich auf diese Riesenveranstaltung vorzubereiten. Da ich jemand bin, der die Mitarbeiter sehr schätzt, war klar, dass ich erst den – kaum Englisch sprechenden – Kollegen in der Küche Ehre antun und sie auf meine Seite bringen musste.

**Und wie lief es dann?**

Kurz bevor es losgehen sollte, sagte der Chef aufgeregt zu mir: Der oberste General hat sich angesagt und es werden kurzfristig auch Mitglieder der Königsfamilie dabei sein. Was dann kam, muss man sich wie in einem guten James-Bond-Film vorstellen: Sicherheitsleute mit Knarre im Anschlag in der Küche, wo es heiß wie in einer Sauna war. Und auf einmal sollte es schon 20 Minuten vor dem eigentlichen Beginn der Veranstaltung losgehen. So habe ich die Veranstaltung zweimal bekocht. Zuerst den General und die Königsfamilie und dann, parallel um 20 Minuten versetzt, die Hauptveranstaltung.

**Also alles gut?**

Ja. Und am Ende sollte ich dann zum General kommen, der mir gerade bis zur Brust ging. Alle waren auf die Knie gegangen. Ich hätte alles getan, aber das nicht! Der General war zunächst entsetzt und dann musste er lachen. Er gab mir seine Visitenkarte, die eine Art Freifahrtschein durch ganz Thailand war. Und dann hatte ich noch drei ganz wunderbare Tage Urlaub dort, die man mir königlich bereitet hat. Ein unglaubliches Erlebnis, das ich meinen Lebtag nicht vergessen werde.

# Mit allen Sinnen genießen

**Reisende mit dem Urlaubsmotiv Genuss wollen Lust und Freude maximieren. Dafür scheint der Urlaub erfunden worden zu sein!**

Besonders wichtig für den **Genuss**-Urlauber sind Essen und Trinken. Nahrungsaufnahme ist mehr, als den Energiebedarf des Körpers zu decken. Essen und Trinken sind ein äußerst vergnügungsreicher Selbstzweck. Einer der direktesten Wege in das Herz von Genießern führt eindeutig über den Magen. Klasse statt Masse ist dabei das Motto. Um sich ihre persönlichen Highlights herauspicken zu können, nehmen sich Genießer auf Kreuzfahrtschiffen die Zeit, alle Buffets auf den verschiedenen Decks zu inspizieren.

Die Reiseindustrie hat sich seit Längerem schon auf den **Genuss**-Trend eingestellt. Es werden Touren in die Weinregionen dieser Welt, mit Führungen durch Weinkeller und anschließender Verkostung der edlen Tropfen, angeboten. Zum Reiseziel ist mittlerweile auch die Spitzengastronomie geworden. Genießer nehmen lange Anreisen auf sich, um die Köstlichkeiten im besonders empfohlenen Sterne-Restaurant auszuprobieren. Die kulinarische Vielfältigkeit kann touristisch fast ebenso viel wert sein, wie kulturelle Sehenswürdigkeiten. Am besten ist es natürlich, beides geht Hand in Hand und fügt sich in die Landschaft und Kultur einer Region ein.

Immer mehr Urlaubsregionen versuchen, mit Kulinarischem zu punkten. Selbst in Landstrichen, denen man das im ersten Moment gar nicht zutraut, zum Beispiel Oberfranken. Die Region um die Städte Bamberg und Bayreuth ist nicht gerade für ihre feine Küche bekannt. Man rühmt sich hier aber gleich dreier Weltrekorde in punkto Genuss.

Gemessen an der Einwohnerzahl gibt es in Oberfranken die meisten Bäcker und Konditoreien, die meisten Metzgereien und die meisten Brauereien der Welt. [20]

Mittlerweile gilt eben nicht mehr nur der feine, hochkultivierte Tropfen als Spezialität, auch mit Handfesterem wird in Sachen **Genuss** geworben. Gerade im Nahrungsmittelbereich sind authentische, in der Region hergestellte Produkte wieder in. Sie sind das Gegenmodell zu industriell hergestellten Nahrungsmitteln. Das schätzen auch **Genuss**-Urlauber.

Die Hochburg internationaler kulinarischer Genüsse ist allerdings nach wie vor die Mittelmeer-Region. Dass dort die beliebtesten Reiseziele der Welt beheimatet sind, hat seine Gründe. Sicher das milde Klima und die langen Strände, aber bekanntermaßen auch die gesunde und schmackhafte Küche. Jedes Land in dieser Region bietet eine Fülle leckerer und leichter Gerichte und Rezepte. Der mediterrane Lebensstil mit mehr Gelassenheit und Ruhe macht diese Küche für den Genießer noch besser verdaulich. Denn im Essen erschöpft sich der Genuss noch lange nicht. Es geht um die Freude am sinnlichen Erleben überhaupt. Und dazu gehören für den richtigen Genießer im Urlaub ganz bestimmt auch Romantik und Erotik.

Mit allen Sinnen den Urlaub genießen: Das heißt ebenso, das Rauschen des Meeres bewusst zu hören oder dem Farbenspiel beim Sonnenuntergang schweigend zuzusehen. Den Duft der

> *Es ist eine schwere Krankheit, ein Leben, das so kurz ist und nicht zweimal kommt, nicht zu genießen.*
>
> *Ferdinando Galiani, Schriftsteller*

Pinien zu riechen, die salzige Brise des Meeres auf den Lippen zu schmecken und die Wärme des Sands am Abend zu spüren. Hier wird deutlich, dass der Genießer häufig auch Schönheit zu seinen prägenden Urlaubsmotiven zählt.

**Genuss**-Urlauber fühlen sich insbesondere auf Wellnessreisen sehr wohl. Ob Sauna, Bad im Bierbottich oder Hot-Chocolate-Massage: Wellness bietet ausreichend Möglichkeiten, dem Sinnlichen im Urlaub ausgiebig zu frönen. Ruhe, Wärme, sanfte Berührungen und Entspannungsmusik, das alles unterstützt das Loslassen von physischen und emotionalen Blockaden.

Der perfekte **Genuss**-Urlaub kombiniert die unterschiedlichen Facetten dieses Urlaubsmotivs. Eine landschaftlich reizvolle Umgebung, hochwertige Wellnessangebote und eine Küche auf hohem Niveau im Hotel: So stehen die Chancen auf eine gelungene Reise sehr gut.

Ein **Genuss**-Reisender denkt über sich, dass er Kulinarisches und Sinnliches wirklich zu schätzen weiß. Insgeheim wirft er Urlaubern, bei denen das Urlaubsmotiv **Genuss** schwach ausgeprägt ist, vor, nicht sensibel genug zu sein, um mit allen Sinnen genießen zu können. Er hält sie für asketisch und freudlos.

Diese empfinden sich jedoch als willensstark und tugendhaft. **Genuss**-Urlaubern werfen sie mangelnde Selbstkontrolle, Maßlosigkeit und ungesunde Urlaubsweise vor.

**Genuss harmoniert mit**

➕ **Ruhe**
Mit Muße und ohne Stress genießt es sich am besten.

➕ **Geselligkeit**
Mit Freunden und Partnern machen sinnliche Freuden doppelt Spaß.

➕ **Entdeckerlust**
Regionale Spezialitäten, unbekannte Gaumenfreuden oder Wellnessanwendungen sind anregend für Körper, Geist und Seele.

➕ **Exklusivität**
Luxuriöse Speisen oder hochwertige Wellnessbereiche sind Garanten für großes Wohlbefinden.

➕ **Schönheit**
Ein attraktives Ambiente ist ein guter Rahmen für romantische Impressionen und Zweisamkeit.


**Genuss ist konträr zu**

➖ **Kinder**
Die lieben Kleinen haben andere Genusswünsche als Erwachsene.

➖ **Preisvorteil**
Mit begrenzten Budgets sind hochwertige Speisen und Getränke nicht zu vereinbaren.

## Urlaubsempfehlungen

**Hotels und Kreuzfahrten mit hochwertigen Restaurants und der Wahl zwischen abwechslungsreichen Buffets, á la Carte und Gourmet Cuisine**

**Reiseziele, die für ihre besondere Küche, mildes Klima und außergewöhnliche Landschaften berühmt sind**

**Haute Cuisine-Reisen zu berühmten Restaurants mit ihren Köchen**

**Weingüter mit Übernachtungsangeboten**

**Sehenswürdigkeiten und Attraktionen, die alle Sinne ansprechen, zum Beispiel Orchideenparks, Schmetterlingsfarmen oder prachtvolle Gärten**

**Großzügige Spas mit vielfältigen Wellnessangeboten**

**Hochzeits- und Romantikreisen mit Candlelight-Dinner, Blumenbouquets und Himmelbett**

**In Großbritannien ist es Frauen in öffentlichen Verkehrsmitteln verboten, Schokolade zu essen.**
Aus: Die verrücktesten Gesetze der Welt [21]

# Urlaubsvermieser und Urlaubsversüßer

Sie haben unser Buch bis hierher gelesen und wissen jetzt genau Bescheid über Ihre Urlaubsmotive und die Ihrer Reisepartner? Das ist sicher hilfreich, aber noch ist Ihr Traum:Urlaub nicht in trockenen Tüchern. In diesem letzten Kapitel warnen wir Sie vor den drei schlimmsten Urlaubsvermiesern. Allerdings nicht, ohne Ihnen danach auch die drei besten Urlaubsversüßer vorzustellen.

## Die Urlaubsvermieser

### Das Sorgen-Gen

Der Neuzeit-Philosoph Alain de Botton beschreibt dieses Gen sehr anschaulich:„Wir stammen nun einmal von Leuten ab, die sich permanent Sorgen machten. Darüber, ob sie gefressen werden, ob die Ernte gelingt, ob es morgen regnet, ob jenseits des Berges ein Feind lauert. Wer sich die meisten Sorgen machte, der überlebte."

Eine genialer Mechanismus der Evolution, ohne den es die Menschheit, so wie sie heute existiert, vermutlich nicht geben würde. In unserer modernen westlichen Wohlstandsgesellschaft ist die Sorgenmacherei allerdings ein wenig anachronistisch. In Ermangelung existentieller Bedrohungen zerbrechen wir uns nun nicht mehr über Fressen und Gefressenwerden den Kopf, sondern über ein paar Kilo zuviel auf den Hüften, die passende Hausratversicherung und unsere Chancen im Job.

Problematisch wird es mit unserem Sorgen-Gen, wenn es in den Urlaub geht. Denn, was genau ist Urlaub eigentlich? „Eine Aufforderung, sich für ein, zwei Wochen um nichts zu sorgen", meint Alain de Botton. Allerdings sei das leider zutiefst unnatürlich.

„Weil wir uns keine ernsthaften Sorgen machen dürfen, konzentrieren wir uns auf Banalitäten. Was macht die kleine Wolke am Horizont? Warum ist die Minibar so schlecht bestückt? Wann verschwindet der nervige Typ vom Beckenrand? Im Urlaub bekommt der Zwang, sich zu sorgen, etwas unfreiwillig Komisches." [22]

Ist es Ihr vorrangiges Ziel, den Urlaub zu überleben, dann sollten Sie Ihrem Sorgen-Gen ruhig nachgeben. Es hat sich bewährt. Lassen Sie nicht das kleinste Detail aus: Wetter, Essen, Zustand des Zimmers – kreieren Sie Ihre eigene Urlaubssorgen-Hitliste!

Wenn Sie hingegen von ihrem Urlaub ein wenig mehr als das nackte Überleben erwarten, sollten Sie Ihr Sorgen-Gen besser ausschalten. Versuchen Sie, den Urlaub bewusst zu genießen und sich für die vielfältigen, neuen Eindrücke in anderen Regionen und Kulturen zu öffnen.

### Die Liegestuhldepression

Das ganze Jahr im Stress, neben der Arbeit kaum Zeit für Privates, ständig am Selbstoptimieren und dann plötzlich Urlaub. Aus diesen Wochen will der stressgeplagte Workaholic das Maximum herausholen. Leistungsorientiertes Entspannen sozusagen. Denn auch im Urlaub kann der Workaholic nicht aus seiner Haut. Dumm ist nur, dass das mit dem Entspannen umso schlechter klappt, je mehr man sich anstrengt.

Das Ergebnis eines solchen zwanghaften Urlaubs kann eine kleine oder auch ausgewachsene „Liegestuhldepression" sein, wie sie der Wiener Psychiater Professor Martin Aigner beschreibt. Ob man von einer solchen betroffen ist, merkt man an Symptomen wie Energielosigkeit und

Abgeschlagenheit. Auch Traurigkeit und Enttäuschung darüber, dass der Urlaub nicht so ist, wie man ihn sich ausgemalt hat, können auftreten.

Eine solche Depression kann man aber auch schon von Zuhause mitbringen. Die Symptome treten im Urlaub dann erstmals richtig zu Tage, weil man stärker auf sich gestellt ist. Viele Menschen erwarten sich Entspannung auf Knopfdruck und genau hier liegt der Fehler. „Der Mensch ist eben keine Maschine, er lässt sich nicht wie mit einem Schalter an- und ausschalten. Wenn man im Alltag häufig sehr angespannt ist, braucht es seine Zeit, bis man runterkommt von diesem hohen Energielevel." [23]

Vermeiden Sie es also, Ihre Reise allzu sehr durchzuplanen und zu hohe Ansprüche an den Urlaub anzulegen. Es ist besser, ihn einfach auf sich zukommen zu lassen und langsam vom Alltag loszulassen, empfiehlt Aigner. Dann gelingt das, was man sich im tiefsten Inneren auch wünscht: zwei Wochen Urlaub vom Leistungsdenken.

Wichtig ist dabei allerdings, darauf zu achten, dass man nicht in ein soziales Loch fällt. Ein Phänomen, das vor allem Alleinreisende betrifft. Frisch aus dem hektischen Alltag steigen sie in den Flieger und liegen dann zwei Wochen einsam an einem Strand in Thailand. Dort hat man dann mehr Zeit über sich und sein Leben nachzudenken, als gut ist. Und schon schleicht sich vielleicht die „Liegestuhldepression" an.

### Die Vergleichsfalle

Auf Ihrem Tisch stapeln sich die Urlaubskataloge? Sie haben nächtelang Angebote im Internet recherchiert? Sie haben immer noch keinen blassen Schimmer, wohin es in den Urlaub gehen soll? Was ist besser, zwei Wochen ein Hotel in Ägypten, eine Woche Finca auf Mallorca oder zehn Tage Agro Tourismo in Umbrien? Je mehr Urlaubsangebote Sie sehen, desto weniger können Sie sich entscheiden? Willkommen in der Vergleichsfalle! Dieser fiese Mechanismus sorgt dafür, dass der Urlaub Stress verursacht, bevor er überhaupt gebucht ist.

Was Sie nun tun werden, ist ein normaler menschlicher Reflex:

Erstens: Sie werden sich von Naheliegendem und Bewährtem verführen lassen.

Zweitens: Sie werden Informationen nur noch selektiv wahrnehmen.

Drittens: Sie werden die Entscheidung möglichst nicht mehr in Frage stellen.

Wenn Sie aus der Fülle der Angebote eines ausgewählt haben, werden Sie sich anschließend mit großem Aufwand bemühen, sich selbst zu beweisen, dass das die einzig richtige Entscheidung war. Das gelingt mittels eines subtilen, weitgehend unbewussten Wahrnehmungsmechanismus. Ab sofort filtern Sie Informationen nach ihrem Wert für die Bestätigung Ihrer Entscheidung. Sie nehmen nur die positiven Reiseberichte zu Ihrem Urlaubsziel ernst. Dass hinter den negativen Kritiken notorische Nörgler stecken, merken Sie sofort. Bei der Internetsuche klicken Sie nur die Fotos an, die besonders toll aussehen, und lesen die Zeitungsartikel, deren Überschrift Ihr Reiseziel als das Paradies auf Erden feiern. Haben Sie sich stattdessen gegen ein Land entschieden, werden mögliche Vorurteile oft durch Berichte über Katastrophen, schlechten Service oder unzufriedene Reisende verstärkt. Der amerikanische Professor für Sozialpsychologie Robert B. Cialdini nennt dieses Phänomen „Konsistenzprinzip".[24] Sobald wir uns für eine Position entschieden haben, entstehen Kräfte, die uns dazu drängen, Zweifel an der Festlegung auszuschalten. Wir wollen sehr gern glauben, dass wir uns richtig entschieden haben. Wir reden uns bald schon ein, dass es für unsere Wahl objektive Fakten gibt.

Von einem rationalen Abwägungsprozess in Folge einer nüchternen Kosten-Nutzen-Analyse ist unsere Urlaubswahl so allerdings ziemlich weit entfernt. Schämen müssen wir uns dafür nicht. Immerhin verhalten wir uns in vielen Dingen vorhersagbar irrational, wie der amerikanische Verhaltensökonom Dan Ariely in seinem Buch „Denken hilft zwar, nützt aber nichts" feststellt.

Es ist jedoch nicht nur das Vertraute, in das wir uns gerne flüchten, wenn wir uns mit einer Entscheidung überfordert fühlen, es kann auch das supergünstige Sonderangebot sein, das uns zu einer Kurzschlusshandlung führt. Völlig überfordert wählt man aus dem Überangebot ein Schnäppchen aus und denkt: „Keine Ahnung, ob das was für mich ist, aber immerhin ist es günstig." Wie kann man solche überstürzten Fluchten verhindern und der Vergleichsfalle trotzdem entkommen?

Überprüfen Sie die Entscheidung intuitiv, auf die Schnelle, aus dem Bauch heraus. Die Intelligenz des Unbewussten liefert oft gute Ergebnisse. Erst recht, wenn eine rationale Entscheidung wegen der Unübersichtlichkeit des Angebots schwer möglich ist.

Die Bildauswahl in unserem Selbsttest im Buch ist ein Beispiel für solch intuitive Entscheidungen. Generell gilt: Entscheidung braucht Auswahl – aber nicht zuviel. Denken Sie über die Möglichkeiten Ihres Urlaubs nach und formulieren Sie einige wenige, klar unterschiedene Optionen. Entscheiden Sie erst, ob Sie an den Nordpol oder in die Südsee wollen, erst dann, ob Sie dort im Hotel, in einer Ferienwohnung oder im Iglu nächtigen wollen.

Der größte Fehler, den man im Umgang mit der Vergleichsfalle machen kann, ist, die Entscheidung endlos aufzuschieben. Das wird häufig mit dem Argument gerechtfertigt, dass man Last Minute ohnehin die besten Preise bekommt. Das ist heutzutage ein Irrglaube. Die Praxis zeigt: Im Vergleich zu Frühbucherangeboten schneiden die Tarife kurz vor Toresschluss oft schlechter ab. Ein weiterer Grund, unserem Rat zu folgen, ist: Wenn Sie sich früh entscheiden, bleibt Ihnen ausreichend Zeit, sich auf den Urlaub auch ordentlich zu freuen.

Kennen Sie Ihre Urlaubsmotive gut, haben sowohl Ihr Verstand als auch Ihre Intuition eine bessere Entscheidungsgrundlage, um eben nicht in die Vergleichsfalle zu tappen, das Sorgen-Gen auszuschalten und die Liegestuhldepression gar nicht erst aufkommen zu lassen.

# Die Urlaubsversüßer

**Wabi Sabi – zelebrieren Sie auf Ihren Reisen immer wieder den Augenblick**

Die kostbarsten Mitbringsel aus dem Urlaub sind die Erinnerungen an jene besonderen Momente, in denen wir innere Ruhe und ein unaufgeregtes, mit uns selbst zufriedenes Glücksgefühl verspüren. Diese flüchtigen Momente tiefen Glücksgefühls, im japanisch-buddhistischen Raum **Wabi Sabi** genannt, sind im Urlaub häufiger als im Alltag. Denn im Urlaub ist uns bewusster, wie unwiederbringlich, unverwechselbar und einmalig solche Augenblicke sind.

Dabei geht es nicht darum, viele Momente des Vergnügens zu erleben. **Wabi Sabi** vermittelt eine andersartige Idee vom Urlaubsglück: eine Zufriedenheit, die aus dem Bewusstsein der Vergänglichkeit erwächst. Wenn wir uns an eine tolle Zeit mit Freunden zu einem besonderen Anlass erinnern, ohne traurig darüber zu sein, dass sie vorbei ist, sondern dem Glück nachspüren, das in uns weiterlebt, leben wir **Wabi Sabi.**[25] Solange unsere Aufmerksamkeit von der Sorge um unsere Vergangenheit oder unsere Zukunft absorbiert wird, degradieren wir die Gegenwart zu einer unbedeutenden Schnittstelle zwischen diesen beiden Polen.[26]

Urlaub ist oft ein bewusster Tapetenwechsel, um von Alltagsvergangenheit Abstand zu gewinnen und (noch) nicht an Zukunftsprobleme zu denken. Das heißt, wir leben den Augenblick und genießen das Hier und Jetzt. Auslöser für spontane Glücksgefühle kann der letzte Blick über das Bergtal vor dem Zubettgehen sein, die dösige Ruhe unter dem Sonnenschirm oder die Ehrfurcht im Inneren einer Jahrhunderte alten Kathedrale. Manchmal reicht ein spezieller Song im Radio und wir denken unwillkürlich an den Urlaubsflirt und den Kuss am weißen Sandstrand zurück. So als wäre er erst gestern passiert. Diese kleinen, wahrhaftigen Glücksmomente sind wertvoll für unser persönliches Wohlempfinden, aber nicht beliebig wiederholbar. An einem anderen Tag wird sich dieses Gefühl, trotz der gleichen Szenerie, nicht einstellen.

Deshalb funktioniert es übrigens auch nicht, ein schönes Urlaubserlebnis einfach zu wiederholen. Der niederländische Psychologe Douwe Draaisma rät: „Wiederholung löscht alte Erinnerungen. Wenn Sie einen schönen Urlaub hatten, fahren Sie im folgenden Jahr lieber nicht noch einmal dorthin. All ihre neuen Erfahrungen werden die erste, die schöne, langsam verblassen lassen."[27]

> Wir können Urlaubsglück nicht erzwingen. Vielmehr kann uns das Glück nur durchdringen, wenn wir aufmerksam, offen und bereit dafür sind.

Wenig förderlich ist auch der krampfhafte Versuch, im Urlaub möglichst viel zu erleben. Alle Sehenswürdigkeiten einer Stadt in einem Tag durchzuhecheln, kann nicht glücklich machen. Auf diese Weise können uns die Dinge, die wir sehen, emotional einfach nicht berühren.

Auf die Frage „Verpasst man die Gegenwart, wenn man sich immer schon vorstellt, wie man in Zukunft daran zurückdenkt?", entgegnet Autor und Philosoph Alain de Botton: „Ich glaube, das Bedürfnis, etwas mitzunehmen, wertet die Gegenwart auf. Es ist nur legitim, Vorsorge gegen das Vergessen zu treffen. Die Frage ist nur, mit welchen Mitteln. Oft sollen Souvenirs diesen Zweck erfüllen: Man fährt nach Ägypten, schaut sich die Pyramiden an und kauft ein Holzkamel für die Fensterbank. Aber dieses Kamel fängt die Stimmung nicht wirklich ein. Und es gibt dieses schreckliche Phänomen, dass Leute so sehr mit dem Fotografieren beschäftigt sind, dass sie das Motiv hinter dem Objektiv gar nicht wahrnehmen. Dabei ist schon das menschliche Gedächtnis eine faszinierende Kamera, die ständig klickt, ohne dass wir es merken."[28]

## Der Butterfly-Gefühlsverstärker

Um Gefühle in schönen Urlaubsmomenten zu verstärken und ins Gedächtnis zu brennen, können Sie die Butterfly-Methode nutzen. Sie ist eine Wingwave-Technik[29], bei der durch gezielte Links-Rechts-Stimulation die Vernetzung beider Gehirnhälften angeregt wird. Eine Technik, die wie gemacht ist für den Einsatz im Urlaub, setzt sie doch eine gewisse Ruhe und Entspannung voraus und funktioniert am besten auf der Welle eines positiven Gefühls.

Und so führen Sie die Butterfly-Technik durch:

Setzen Sie sich bequem hin und genießen Sie einen wunderschönen Ausblick, den Duft einer exotischen Blume, einen romantischen Sonnenuntergang, das Rauschen des Meers oder ähnliche entspannende Urlaubsgefühle. Kreuzen Sie die Unterarme über dem Brustkorb, so dass Ihre Hände die beiden Schultern oder Oberarme berühren können. Nun klopfen Sie mit den beiden Handflächen wechselseitig leicht auf die Schultern oder Oberarme. Etwa ein Klopfen pro Sekunde. Die Wirkung tritt in der Regel nach etwa zwei bis drei Minuten ein. Dann werden Sie spüren, wie Emotionen ausbalanciert, positive Gefühle verstärkt und Stress abgebaut werden. Angenehme Musik kann diesen Effekt noch verstärken.

## Die Höhepunkt–Schluss–Regel

Der Psychologe und Nobelpreisträger Daniel Kahneman hat herausgefunden, dass wir unsere Erinnerungen meist danach beurteilen, wie sie auf ihrem Höhepunkt und an ihrem Ende waren. Die Reiseindustrie nutzt dieses Phänomen gezielt. Auf Kreuzfahrten oder in Ferienresorts mit wöchentlichem Anreiserhythmus gibt es zur Mitte der Urlaubswoche einen Gala-Abend oder ein Captain's Dinner. Dem letzten Abend versucht das Animationsteam mit einer Farewell-Feier eine besondere Emotionalität zu verleihen. Das Fünf-Gänge-Menü ist besonders lecker, die Animationscrew bringt Kinderaugen zum Leuchten und am Ende liegen sich fremde Menschen in den Armen und tanzen eine Polonaise durch den Saal. Hat Ihnen das gut gefallen, werden Sie den gesamten Urlaub in besonders guten Erinnerungen haben. Denn eine geringfügige Verbesserung am Ende des Urlaubs verleiht der Erinnerung an die gesamte Urlaubswoche einen rosa Schleier.

Dieses Prinzip funktioniert allerdings auch umgekehrt. Scheußliches Wetter am Ende des Aufenthalts taucht den gesamten Urlaub im Rückblick in ein schlechteres Licht.

Wie nun können Sie diese Höhepunkt–Schluss-Regel für sich nutzen? Ganz einfach:

Planen Sie in Ihrem Urlaub ein tolles Erlebnis in der Mitte – ein Bergfest-Highlight- und ein positives, starkes Ende! Orientieren Sie sich dabei an Ihren ganz individuellen Urlaubsmotiven, die Möglichkeiten sind vielfältig. Mit der Höhepunkt-Schluss-Regel können Sie Ihren Traum:Urlaub geradezu inszenieren.

# Wie komme ich nun an meinen Traum:Urlaub?

## Plädoyer für eine Beratung beim Touristik-Profi

Nachdem Sie nun genau wissen, was Sie und Ihre Mitreisenden im Urlaub wollen, steht noch die Frage: Wie finden Sie das passende Reiseangebot? Im Internet? Ja und Nein.

Das Internet liefert eine Vielzahl von Informationen zu Urlaubsregionen und bietet auch Hilfe an, wenn Sie die hier gewonnenen Erkenntnisse in die Tat umsetzen wollen.

www.12urlaubsmotive.de listet Ihnen Touristik-Profis auf, die Sie auf der Basis der „12 Urlaubsmotive nach Manazon" beraten. Warum qualifizierte Reiseberater besser sind als jede Suchmaschine im Netz, verrät Vivien Manazon im folgenden Interview.

***Urlaubsportale gibt es im Internet ohne Ende. Von der Ferienwohnung über das Fünf-Sterne-Resort, vom Flug bis zum Mietwagen oder Ausflug – heute kann jeder fast alle Details seiner Reise bequem von Zuhause aus buchen. Wer braucht da noch Reisebüros?***

Den günstigsten Flug nach London findet man im Internet allein. Je größer aber die Flut an Informationen und Angeboten ist, desto mehr braucht man einen Reiseberater seines Vertrauens, um sich richtig zu entscheiden und Enttäuschungen zu vermeiden. Für viele potenzielle Urlauber sind eine individuelle Beratung und hochwertiger Service wichtig. Eine Erfahrung, die Sie vielleicht teilen, wenn es um Ihren Steuerberater, Anwalt, Versicherungsmakler, Arzt, Handyanbieter oder Bankberater geht. Reiseverkäufer werden sich in Zukunft noch mehr auf bestimmte Reisearten oder Urlaubsregionen spezialisieren, um so eine Fachberatung auf höchstem Niveau zu bieten.

*Du trainierst Reisebüroteams nach der Methode der „12 Urlaubsmotive nach Manazon".*
*Was können Reiseverkäufer danach besser?*

Ein Top-Verkäufer kann damit die wahren Bedürfnisse hinter den spontanen Aussagen der Kunden besser erkennen und durch weiteres Nachfragen konkretisieren. Das gilt auch für die Urlaubsmotive der Mitreisenden. Die Kunst in der Reiseberatung ist es, den größten gemeinsamen Nenner für das Wir sowie genügend Freiraum für jedes Ich zu finden.

*Im Prinzip muss man dann nur einmal ins Reisebüro, lässt sich erklären, was für ein Urlaubstyp man ist und kann beim nächsten Mal bequem selbst im Internet buchen?*

Nein, das funktioniert nicht. Schon deswegen, weil sich Urlaubsmotive von Urlaub zu Urlaub ändern können. Ein klassisches Beispiel dafür sind Eltern, deren Urlaube viele Jahre von den Wünschen der Kinder und des Familienlebens geprägt waren. Sind die Kinder dann aus dem Haus, werden sie wahrscheinlich einen komplett anderen Urlaub planen. Es gilt also, immer wieder neu zu schauen, welche Urlaubswünsche aktuell sind. Das erkennt man übrigens gut daran, wenn die Augen leuchten und das Herz lacht.

*Also sollte ein Reiseberater den Wünschen seiner Kunden immer auf den Grund gehen. Da muss man ja Psychologe sein, oder?*

Alain de Botton sagt dazu: „Es gibt eine riesige Kluft zwischen Fantasien und den Dingen, die uns wirklich fehlen. Eigentlich bräuchten wir psychotherapeutische Reisebüros, die uns die passenden Ziele heraussuchen."[30] Das stimmt im Prinzip: Ein Reiseberater mit den Fähigkeiten eines Psychologen wäre die Wunschvorstellung. Bis Sie so einen gefunden haben, probieren Sie und Ihr Reiseberater es aber besser mit meinem Modell. So fällt es leicht, die individuellen Urlaubsmotive herauszufinden.

*Also brauche ich nach der Lektüre des Buches „Traum:Urlaub – Aber wie?" doch keinen Touristik-Experten!?*

Ein guter Reiseverkäufer kann auf Grund seiner Fachkenntnis und der passenden Urlaubsmotive Reisearten und -ziele empfehlen, die dem Kunden vielleicht noch unbekannt sind, aber gut zu den Urlaubswünschen passen. Außerdem ist er Profi im Auswählen von optimalen Angeboten aus dem Dschungel der touristischen Buchungssysteme.

### Okay, und wie sieht es aus, wenn mal nicht alles nach Plan läuft?

Im Reisebüro helfen die Mitarbeiter bei unvorhergesehenen Problemen, wie Unwetterwarnungen, Streiks am Flughafen, Vulkanaschewolken oder was sonst noch alles einen schönen Urlaub vermiesen kann. Zu einer guten Reiseberatung gehören auch Informationen über Visum-, Impf- und andere Einreisebestimmungen. Immer wichtiger werden außerdem Seriositätsprüfungen bei Fluglinien, Mietwagen- und Ausflugsanbietern. Gerade bei den Billigangeboten im Internet schützen die tagtäglichen Buchungserfahrungen der Experten vor eigenem Lehrgeld. Bei allen Bemühungen des Verbraucherschutzes gibt es doch viele Webportale mit Lockvogelangeboten und verdeckten Nebenkosten oder diversen Aufschlägen, die erst bei genauem Hinsehen zu erkennen sind.

### Also rätst du: Informieren gern im Netz, aber Beratung und Buchung im Reisebüro?

Ja. Schon deswegen, weil ich ein Fan des Angebots-Monitorings bin. Das bieten viele Top-Reisebüros als Service für ihre Stammkunden. Dahinter verbirgt sich eine maßgeschneiderte Urlaubssuche über einen längeren Zeitraum hinweg. Wenn das Reisebüro Ihre Urlaubswünsche kennt, kann es die täglich eingehenden, zahllosen Angebote durchforsten und mit Ihnen Kontakt aufnehmen, sobald sich spannende Buchungsmöglichkeiten auftun. So verpassen Sie weder Frühbucherrabatt, noch Last Minute-Special und auch keine zwischenzeitlichen Sonderkonditionen. Aber am wichtigsten sind der persönliche Kontakt und das dadurch entstandene Vertrauen.

# Die Autorinnen

## Vivien Manazon

ist leidenschaftliche Touristikerin. Sie war selbständige Reiseveranstalterin mit eigenem Reisebüro in Berlin und hat danach für die FTI-Gruppe und den TUI-Konzern Reisebürofilialen, Kooperationen und Franchisebüros beraten. In mehr als 5.000 Reiseberatungsgesprächen hat sie erlebt, wie die Kluft zwischen Urlaubswunsch und Urlaubsrealität entstehen kann und was eine gute Reiseberatung ausmacht. Daraus hat sie ihr Modell der „12 Urlaubsmotive nach Manazon" entwickelt, als Grundlage für dieses Buch sowie das Spiel zum Urlaub. Inzwischen ist die studierte Sozialwissenschaftlerin als Kommunikations- und Verkaufstrainerin sowie als gefragte Vortragsrednerin in ganz Deutschland unterwegs. Ihr erstes Buch schrieb sie zusammen mit Diana Jaffé. „Verkaufen an Adam und Eva – Die Geheimtipps für erfolgreiches Verkaufen an Männer und Frauen" erschien 2012 im WILEY-VCH-Verlag und erreichte die Top 3 der Amazon-Verkaufsbuch-Charts. Mit dem Buch und dem Spiel „Traum:Urlaub – Aber wie?" wendet sich die Urlaubsexpertin zusammen mit ihrer Co-Autorin Petra Schwarz nun erstmals direkt an Urlauber und verrät, wie es mit dem Traum:Urlaub klappen kann.

www.manazon.de

www.12urlaubsmotive.de

# Petra Schwarz

ist leidenschaftliche Journalistin und Moderatorin. Seit 1981 sind für die studierte Kulturwissenschaftlerin Hörfunk und Fernsehen – ob als Autorin unzähliger Beiträge, darunter auch etliche Reise-Reportagen, oder vorwiegend als Moderatorin von Sendungen für öffentlich-rechtliche Sender – aus ihrem Leben nicht mehr wegzudenken. Rock- und Liedernächte bei Jugendradio DT 64 gehören genauso dazu wie die erste live-Talkshow im DFF kurz nach der Wende 1989. Zehn Jahre lang moderierte sie ab Mitte der 90er Jahre fast täglich Inforadio vom Rundfunk Berlin-Brandenburg sowie Fernsehsendungen wie „Berlin life". Von 2009 bis 2011 wechselte die vielseitige Öffentlichkeitsarbeiterin kurzzeitig die Seiten und sammelte als Pressesprecherin des Berliner Senators für Wirtschaft, Technologie und Frauen Erfahrungen. Heute konzipiert und moderiert sie vor allem Tagungen, Konferenzen, Podiumsdiskussionen und Gala-Veranstaltungen. Außerdem ist sie als Trainerin für „Wirkungsvolles Kommunizieren" tätig und berät Unternehmen und Institutionen in Sachen Public Affairs. Für das Buch konnte sie Prominente und andere interessante Leute davon überzeugen, Anekdoten über ihre ganz privaten Urlaubserfahrungen zu erzählen.

www.petraschwarz.de

Name: _____

Formular für Selbsttest zum Kopieren

|   | Ja | Teils, teils | Nein |
|---|----|----|----|
| ① | ☐ | ☐ | ☐ |
|   | ☐ | ☐ | ☐ |
|   | ☐ | ☐ | ☐ |
|   | ☐ | ☐ | ☐ |

|   | Ja | Teils, teils | Nein |
|---|----|----|----|
| ② | ☐ | ☐ | ☐ |
|   | ☐ | ☐ | ☐ |
|   | ☐ | ☐ | ☐ |
|   | ☐ | ☐ | ☐ |

|   | Ja | Teils, teils | Nein |
|---|----|----|----|
| ③ | ☐ | ☐ | ☐ |
|   | ☐ | ☐ | ☐ |
|   | ☐ | ☐ | ☐ |
|   | ☐ | ☐ | ☐ |

|   | Ja | Teils, teils | Nein |
|---|----|----|----|
| ④ | ☐ | ☐ | ☐ |
|   | ☐ | ☐ | ☐ |
|   | ☐ | ☐ | ☐ |
|   | ☐ | ☐ | ☐ |

|   | Ja | Teils, teils | Nein |
|---|----|----|----|
| ⑤ | ☐ | ☐ | ☐ |
|   | ☐ | ☐ | ☐ |
|   | ☐ | ☐ | ☐ |
|   | ☐ | ☐ | ☐ |

|   | Ja | Teils, teils | Nein |
|---|----|----|----|
| ⑥ | ☐ | ☐ | ☐ |
|   | ☐ | ☐ | ☐ |
|   | ☐ | ☐ | ☐ |
|   | ☐ | ☐ | ☐ |

|   | Ja | Teils, teils | Nein |
|---|----|----|----|
| ⑦ | ☐ | ☐ | ☐ |
|   | ☐ | ☐ | ☐ |
|   | ☐ | ☐ | ☐ |
|   | ☐ | ☐ | ☐ |

|   | Ja | Teils, teils | Nein |
|---|----|----|----|
| ⑧ | ☐ | ☐ | ☐ |
|   | ☐ | ☐ | ☐ |
|   | ☐ | ☐ | ☐ |
|   | ☐ | ☐ | ☐ |

|   | Ja | Teils, teils | Nein |
|---|----|----|----|
| ⑨ | ☐ | ☐ | ☐ |
|   | ☐ | ☐ | ☐ |
|   | ☐ | ☐ | ☐ |
|   | ☐ | ☐ | ☐ |

|   | Ja | Teils, teils | Nein |
|---|----|----|----|
| ⑩ | ☐ | ☐ | ☐ |
|   | ☐ | ☐ | ☐ |
|   | ☐ | ☐ | ☐ |
|   | ☐ | ☐ | ☐ |

|   | Ja | Teils, teils | Nein |
|---|----|----|----|
| ⑪ | ☐ | ☐ | ☐ |
|   | ☐ | ☐ | ☐ |
|   | ☐ | ☐ | ☐ |
|   | ☐ | ☐ | ☐ |

|   | Ja | Teils, teils | Nein |
|---|----|----|----|
| ⑫ | ☐ | ☐ | ☐ |
|   | ☐ | ☐ | ☐ |
|   | ☐ | ☐ | ☐ |
|   | ☐ | ☐ | ☐ |

Name: _____

|  | Ja | Teils, teils | Nein |
|---|---|---|---|
| ① | ☐ | ☐ | ☐ |
|  | ☐ | ☐ | ☐ |
|  | ☐ | ☐ | ☐ |
|  | ☐ | ☐ | ☐ |

|  | Ja | Teils, teils | Nein |
|---|---|---|---|
| ② | ☐ | ☐ | ☐ |
|  | ☐ | ☐ | ☐ |
|  | ☐ | ☐ | ☐ |
|  | ☐ | ☐ | ☐ |

|  | Ja | Teils, teils | Nein |
|---|---|---|---|
| ③ | ☐ | ☐ | ☐ |
|  | ☐ | ☐ | ☐ |
|  | ☐ | ☐ | ☐ |
|  | ☐ | ☐ | ☐ |

|  | Ja | Teils, teils | Nein |
|---|---|---|---|
| ④ | ☐ | ☐ | ☐ |
|  | ☐ | ☐ | ☐ |
|  | ☐ | ☐ | ☐ |
|  | ☐ | ☐ | ☐ |

|  | Ja | Teils, teils | Nein |
|---|---|---|---|
| ⑤ | ☐ | ☐ | ☐ |
|  | ☐ | ☐ | ☐ |
|  | ☐ | ☐ | ☐ |
|  | ☐ | ☐ | ☐ |

|  | Ja | Teils, teils | Nein |
|---|---|---|---|
| ⑥ | ☐ | ☐ | ☐ |
|  | ☐ | ☐ | ☐ |
|  | ☐ | ☐ | ☐ |
|  | ☐ | ☐ | ☐ |

|  | Ja | Teils, teils | Nein |
|---|---|---|---|
| ⑦ | ☐ | ☐ | ☐ |
|  | ☐ | ☐ | ☐ |
|  | ☐ | ☐ | ☐ |
|  | ☐ | ☐ | ☐ |

|  | Ja | Teils, teils | Nein |
|---|---|---|---|
| ⑧ | ☐ | ☐ | ☐ |
|  | ☐ | ☐ | ☐ |
|  | ☐ | ☐ | ☐ |
|  | ☐ | ☐ | ☐ |

|  | Ja | Teils, teils | Nein |
|---|---|---|---|
| ⑨ | ☐ | ☐ | ☐ |
|  | ☐ | ☐ | ☐ |
|  | ☐ | ☐ | ☐ |
|  | ☐ | ☐ | ☐ |

|  | Ja | Teils, teils | Nein |
|---|---|---|---|
| ⑩ | ☐ | ☐ | ☐ |
|  | ☐ | ☐ | ☐ |
|  | ☐ | ☐ | ☐ |
|  | ☐ | ☐ | ☐ |

|  | Ja | Teils, teils | Nein |
|---|---|---|---|
| ⑪ | ☐ | ☐ | ☐ |
|  | ☐ | ☐ | ☐ |
|  | ☐ | ☐ | ☐ |
|  | ☐ | ☐ | ☐ |

|  | Ja | Teils, teils | Nein |
|---|---|---|---|
| ⑫ | ☐ | ☐ | ☐ |
|  | ☐ | ☐ | ☐ |
|  | ☐ | ☐ | ☐ |
|  | ☐ | ☐ | ☐ |

Name: _____

Formular für Selbsttest zum Kopieren

|  | Ja | Teils, teils | Nein |
|---|---|---|---|
| ① | ☐ | ☐ | ☐ |
|  | ☐ | ☐ | ☐ |
|  | ☐ | ☐ | ☐ |
|  | ☐ | ☐ | ☐ |

|  | Ja | Teils, teils | Nein |
|---|---|---|---|
| ② | ☐ | ☐ | ☐ |
|  | ☐ | ☐ | ☐ |
|  | ☐ | ☐ | ☐ |
|  | ☐ | ☐ | ☐ |

|  | Ja | Teils, teils | Nein |
|---|---|---|---|
| ③ | ☐ | ☐ | ☐ |
|  | ☐ | ☐ | ☐ |
|  | ☐ | ☐ | ☐ |
|  | ☐ | ☐ | ☐ |

|  | Ja | Teils, teils | Nein |
|---|---|---|---|
| ④ | ☐ | ☐ | ☐ |
|  | ☐ | ☐ | ☐ |
|  | ☐ | ☐ | ☐ |
|  | ☐ | ☐ | ☐ |

|  | Ja | Teils, teils | Nein |
|---|---|---|---|
| ⑤ | ☐ | ☐ | ☐ |
|  | ☐ | ☐ | ☐ |
|  | ☐ | ☐ | ☐ |
|  | ☐ | ☐ | ☐ |

|  | Ja | Teils, teils | Nein |
|---|---|---|---|
| ⑥ | ☐ | ☐ | ☐ |
|  | ☐ | ☐ | ☐ |
|  | ☐ | ☐ | ☐ |
|  | ☐ | ☐ | ☐ |

|  | Ja | Teils, teils | Nein |
|---|---|---|---|
| ⑦ | ☐ | ☐ | ☐ |
|  | ☐ | ☐ | ☐ |
|  | ☐ | ☐ | ☐ |
|  | ☐ | ☐ | ☐ |

|  | Ja | Teils, teils | Nein |
|---|---|---|---|
| ⑧ | ☐ | ☐ | ☐ |
|  | ☐ | ☐ | ☐ |
|  | ☐ | ☐ | ☐ |
|  | ☐ | ☐ | ☐ |

|  | Ja | Teils, teils | Nein |
|---|---|---|---|
| ⑨ | ☐ | ☐ | ☐ |
|  | ☐ | ☐ | ☐ |
|  | ☐ | ☐ | ☐ |
|  | ☐ | ☐ | ☐ |

|  | Ja | Teils, teils | Nein |
|---|---|---|---|
| ⑩ | ☐ | ☐ | ☐ |
|  | ☐ | ☐ | ☐ |
|  | ☐ | ☐ | ☐ |
|  | ☐ | ☐ | ☐ |

|  | Ja | Teils, teils | Nein |
|---|---|---|---|
| ⑪ | ☐ | ☐ | ☐ |
|  | ☐ | ☐ | ☐ |
|  | ☐ | ☐ | ☐ |
|  | ☐ | ☐ | ☐ |

|  | Ja | Teils, teils | Nein |
|---|---|---|---|
| ⑫ | ☐ | ☐ | ☐ |
|  | ☐ | ☐ | ☐ |
|  | ☐ | ☐ | ☐ |
|  | ☐ | ☐ | ☐ |

Name: _____

|  | Ja | Teils, teils | Nein |
|---|---|---|---|
| ① | ☐ | ☐ | ☐ |
|  | ☐ | ☐ | ☐ |
|  | ☐ | ☐ | ☐ |
|  | ☐ | ☐ | ☐ |

|  | Ja | Teils, teils | Nein |
|---|---|---|---|
| ② | ☐ | ☐ | ☐ |
|  | ☐ | ☐ | ☐ |
|  | ☐ | ☐ | ☐ |
|  | ☐ | ☐ | ☐ |

|  | Ja | Teils, teils | Nein |
|---|---|---|---|
| ③ | ☐ | ☐ | ☐ |
|  | ☐ | ☐ | ☐ |
|  | ☐ | ☐ | ☐ |
|  | ☐ | ☐ | ☐ |

|  | Ja | Teils, teils | Nein |
|---|---|---|---|
| ④ | ☐ | ☐ | ☐ |
|  | ☐ | ☐ | ☐ |
|  | ☐ | ☐ | ☐ |
|  | ☐ | ☐ | ☐ |

|  | Ja | Teils, teils | Nein |
|---|---|---|---|
| ⑤ | ☐ | ☐ | ☐ |
|  | ☐ | ☐ | ☐ |
|  | ☐ | ☐ | ☐ |
|  | ☐ | ☐ | ☐ |

|  | Ja | Teils, teils | Nein |
|---|---|---|---|
| ⑥ | ☐ | ☐ | ☐ |
|  | ☐ | ☐ | ☐ |
|  | ☐ | ☐ | ☐ |
|  | ☐ | ☐ | ☐ |

|  | Ja | Teils, teils | Nein |
|---|---|---|---|
| ⑦ | ☐ | ☐ | ☐ |
|  | ☐ | ☐ | ☐ |
|  | ☐ | ☐ | ☐ |
|  | ☐ | ☐ | ☐ |

|  | Ja | Teils, teils | Nein |
|---|---|---|---|
| ⑧ | ☐ | ☐ | ☐ |
|  | ☐ | ☐ | ☐ |
|  | ☐ | ☐ | ☐ |
|  | ☐ | ☐ | ☐ |

|  | Ja | Teils, teils | Nein |
|---|---|---|---|
| ⑨ | ☐ | ☐ | ☐ |
|  | ☐ | ☐ | ☐ |
|  | ☐ | ☐ | ☐ |
|  | ☐ | ☐ | ☐ |

|  | Ja | Teils, teils | Nein |
|---|---|---|---|
| ⑩ | ☐ | ☐ | ☐ |
|  | ☐ | ☐ | ☐ |
|  | ☐ | ☐ | ☐ |
|  | ☐ | ☐ | ☐ |

|  | Ja | Teils, teils | Nein |
|---|---|---|---|
| ⑪ | ☐ | ☐ | ☐ |
|  | ☐ | ☐ | ☐ |
|  | ☐ | ☐ | ☐ |
|  | ☐ | ☐ | ☐ |

|  | Ja | Teils, teils | Nein |
|---|---|---|---|
| ⑫ | ☐ | ☐ | ☐ |
|  | ☐ | ☐ | ☐ |
|  | ☐ | ☐ | ☐ |
|  | ☐ | ☐ | ☐ |

## Wir danken

Lilian und Kay Manazon
Frank Müller
Jan Stephan
Margit Hertlein
Diana Jaffé
Katja Reich
und allen Interview-Partnern, die so offen ihre
Urlaubsgeschichten erzählt haben.

Ein besonderes Dankeschön geht an Dr. Petra Bock.
Während Viviens Coaching-Ausbildung bei ihr entstand
die Idee zum „Modell der 12 Urlaubsmotive nach Manazon".

## Nachweise zu Comics, Fotos und Zitaten

Alle Urlaubscomics sind von Stefan Bayer, Illustrator, Werbe-
grafiker und leidenschaftlicher Comic-Zeichner aus Lübeck.
www.pixelio.de / Stefan Bayer, www.bayer-cartoons.de

1. Ruhe
Foto: www.iStockPhoto.com: 13105712 skynesher
kristian sekulic
Zitat: http://welt-der-zitate.de/heinrich-zille-nichtstun/
Foto: www.iStockPhoto.com: 16339384 Djura Topalov

2. Sicherheit
Foto: www.fotolia.de: 29020660 Henry Schmitt
Zitat: http://welt-der-zitate.de/joachim-ringelnatz-sicher-ist/
Foto: www.iStockPhoto.com: 9429568 Antema

3. Umweltbewusstsein
Foto: www.iStockPhoto.com: 17910148 Photomorphic
Robert Churchill
Zitat: http://www.zitate.de/kategorie/Urlaub/
Foto: www.iStockPhoto.com: 2343470 thinair28 Danny
Warren

4. Kinder
Foto: www.iStockPhoto.com: 14595574 omgimages
Zitat: http://www.zitate24.de/zitate/urlaub/zitat1944.html
Foto: www.iStockPhoto.com: 15629027 4774344sean
wavebreakmedia

5. Preisvorteil
Foto: www.iStockPhoto.com: 10465425 vm
Zitat: http://www.zitate.de/kategorie/Sparen/
Foto: www.fotolia.de: 14515850 Irina82

6. Sport
Foto: www.iStockPhoto.com: 7257449 rzdeb
Zitat: http://www.zitate.de/db/ergebnisse.php?sz=2&stich-
wort=&kategorie=Sport&autor=
Foto: www.iStockPhoto.com: 7091088 dell640 Ilda masa

7. Geselligkeit
Foto: www.iStockPhoto.com: 17342589 Sean Locke
Zitat: http://zitate.net/wilhelm%20von%20humboldt.html
Foto: www.fotolia.de: 39181111 Henry Schmitt

8. Entdeckerlust
Foto: www.iStockPhoto.com: 1208970 Cay-Uwe Kulzer
Zitat: http://zitate.net/zitat_4069.html
Foto: www.iStockPhoto.com: 2689663 Karim Hesham
Foto: www.iStockPhoto.com: 4395793 yuliang11

9. Exklusivität
Foto: www.iStockPhoto.com: 16546796 ShutterWorx
Zitat: http://www.zitate.de/kategorie/Lebensk%C3%BCnstler/
Foto: www.iStockPhoto.com: 17107026 Mark Evans

10. Ungebundenheit
Foto: www.iStockPhoto.com: 3313208 amygdala_imagery
Zitat: http://www.zitate.de/db/ergebnisse.php?sz=2&stich-
wort=&kategorie=Freiheit&autor=
Foto: www.iStockPhoto.com: 15999304 nikitje Monika
Lewandowska

11. Schönheit
Foto: www.iStockPhoto.com: 18150798 Borchee Borut Trdina
Zitat: http://www.zitate-leben.de/david-hume.htm
Foto: www.iStockPhoto.com: 18388586 vilainecrevette

12. Genuss
Foto: www.iStockPhoto.com: 16966183 Richard Rudisill
Foto: www.bierland-oberfranken.de : 13290df22e6c Bierland Oberfranken e.V.
Zitat: http://www.zitate-leben.de/ferdinando-galiani.htm
Foto: www.iStockPhoto.com: 18572692 skynesher
kristian sekulic

## Quellen

[1] Nach www.wissen.de und www.duden.de, Sprachratgeberartikel vom 25.07.08

[2] Wer bin ich und was will ich wirklich?: Mit dem Reiss-Profile die 16 Lebensmotive erkennen und nutzen von Steven Reiss (Taschenbuch - Juli 2009)

[3] Ebenda, S. 177 ff.

[4] Maaß, Evelyne & Ritschl, Karsten, Die Sprache der Motivation – Wie Sie Menschen bewegen: die Kraft der Motivations-Profile, Verlag für Integrale Weiterbildung, Berlin, 2011, S. 54 ff.

[5] Alain de Botton, Die Kunst des Reisens, S. 35, S. Fischer Verlag GmbH 2002

[6] www.welt.de/kultur/article8989454/In-den-Ferien-sind-wir-alle-Philosophen

[7] Ebenda

[8] Dr. Roman Leuthner, Nackt duschen streng verboten – Die verrücktesten Gesetze der Welt, Bassermann Verlag, München, 2009, S. 72

[9] Ebenda, S. 127

[10] Ebenda, S. 131

[11] www.welt.de/kultur/article8989454/In-den-Ferien-sind-wir-alle-Philosophen

[12] Dr. Roman Leuthner, Nackt duschen streng verboten – Die verrücktesten Gesetze der Welt, Bassermann Verlag, München, 2009, S. 80

[13] Ebenda, S. 111

[14] Ebenda, S. 94

[15] Ebenda, S. 21

[16] Ebenda, S. 23

[17] Ebenda, S. 14

[18] Ebenda, S. 22

[19] Ebenda, S. 24

[20] www.genussregion.oberfranken.de/deutsch/genussregion

[21] Dr. Roman Leuthner, Nackt duschen streng verboten – Die verrücktesten Gesetze der Welt, Bassermann Verlag, München, 2009, S. 129

[22] www.welt.de/kultur/article8989454/In-den-Ferien-sind-wir-alle-Philosophen

[23] Ausführlicher auf www.netdoktor.at/sprechstunde/interview_aigner

[24] Cialdini, Robert B., Die Psychologie des Überzeugens, Verlag Hans Huber, CH- Bern, 6. Aufl., 2010, S. 92

[25] Weidner, Christoph A., Wabi Sabi – Nicht perfekt und trotzdem glücklich, Knaur Ratgeber Verlag, München, 2007, S. 19

[26] Ebenda, S. 49

[27] Interview in Der Spiegel 4/2013, S. 121

[28] www.welt.de/kultur/article8989454/In-den-Ferien-sind-wir-alle-Philosophen

[29] Die Wingwave® Methode wurde von dem Therapeuten-Ehepaar Siegmund entwickelt und in mehreren Büchern beschrieben.

[30] www.welt.de/kultur/article8989454/In-den-Ferien-sind-wir-alle-Philosophen

# Impressum

**Bibliografische Information der Deutschen Nationalbibliothek**

Die Deutsche Nationalbibliothek verzeichnet diese Publikation in der Deutschen Nationalbibliografie; detaillierte bibliografische Daten sind im Internet über http://dnb.d-nb.de abrufbar.

**Wichtige Hinweise:**

Die im Buch veröffentlichten Ratschläge wurden mit größter Sorgfalt von den Verfasserinnen und dem Verlag erarbeitet und geprüft. Eine Garantie kann jedoch nicht übernommen werden. Ebenso ist eine Haftung der Autorinnen beziehungsweise des Verlages und seiner Beauftragten für Personen-, Sach- oder Vermögensschäden ausgeschlossen.

Die Autorinnen verwenden im Buch wegen besserer Lesbarkeit die männliche Form, es sind aber immer Männer und Frauen gemeint.

© Wissensgenuss Verlag V. Manazon, Berlin.
1. Auflage 2013. Alle Rechte vorbehalten.

Wissensgenuss Verlag V. Manazon
Rheinsteinstr. 14
10318 Berlin
Tel. +49 30 5037 8272
www.wissensgenuss-verlag.de
kay@manazon.de

Betreuung: Kay Manazon, Wissensgenuss Verlag Berlin
Layout und Covergestaltung: ApunktMpunkt Werbeagentur GmbH, Berlin
Satz: Markus Seyfferth und ApunktMpunkt
Druck: vierC print + mediafabrik GmbH & Co. KG
Printed in Germany

ISBN 978-3-9815248-0-2

# Spielend zum Traum:Urlaub!

Entdecken Sie zu zweit oder viert die faszinierende Welt der Urlaubsmotive und erfahren Sie mehr über die individuellen Bedürfnisse aller Mitreisenden. Dabei gibt es keinen Sieger, nur Gewinner – denn die fundierten Urlaubsempfehlungen verhelfen allen zu ihrem Traum:Urlaub!

Erschienen im Wissensgenuss-Verlag Berlin
EAN 0610098264613

Das Urlaubsspiel kann auf **www.12urlaubsmotive.de** oder **www.facebook.com/VManazon** über die Webshop-App erworben werden.